Vornamen & unter einem guten Stern

Robert Parry

Vornamen & unter einem guten Stern

Welcher Name passt zu welchem Sternzeichen?

Aus dem Englischen von
Marita Böhm

Mosaik

Die englische Originalausgabe erschien unter dem Titel »Baby's Names and Star Signs« bei Hamlyn Octopus, London

Inhalt

Lektorat: Thomas Wieke, Wiesbaden
Übersetzung aus dem Englischen: Marita Böhm, München

Satz und dtp: Margrit Stüber, Niedernhausen
Umschlaggestaltung: Heinz Kraxenberger
Umschlagfoto: Bildarchiv Kraxenberger
Druck und Bindung: Toppan
Printed in Hong Kong

ISBN 3 576 11596 X

Einführung

Was verbirgt sich hinter einem Namen? Die Antwort auf diese Frage muss lauten: »Ziemlich viel!« Unser Name ist das Einzige, was wir unser ganzes Leben lang tragen – trotzdem wählen andere ihn für uns aus. Meiner Schätzung nach sind diese »anderen« sehr wichtige Personen. Als Mütter und Väter oder solche, die es werden wollen, sind Sie damit gemeint.

Wie stellen Sie es also an, verantwortungsbewusst einen Namen zu wählen, einen Namen, der nicht einfach Ihre Vorlieben widerspiegelt, sondern der zu Ihrem Kind passt? Hat der Name, den Sie bevorzugen, überhaupt etwas mit seiner Persönlichkeit zu tun? Die Auswahl ist riesengroß – angesichts der unzähligen Vornamenbücher. Was gebraucht wird, ist ein Weg, um die Auswahl auf ein überschaubares Maß zu verringern. Genau dabei soll Ihnen dieses Buch helfen: Es schlägt Namen vor, die zum Tierkreiszeichen Ihres Kindes passen.

Aber auch dann bietet diese Auswahl immer noch genügend Anlass zu stunden-, wenn nicht tagelangen lebhaften Gesprächen zwischen Eheleuten, Freunden und der Familie. Überdies haben alle hier angeführten Namen einen großen Vorteil – sie passen astrologisch zum Kind und haben daher gute Aussichten, das richtige Kleid für sein Leben zu sein.

Was sind Tierkreiszeichen?

In einem Jahr scheint die Sonne in einer Bahn am Himmel entlangzuwandern. So weit wie die Geschichtsschreibung zurückreicht, wurde diese Bahn – der so genannte Tierkreis – in zwölf gleich große Abschnitte geteilt. Der Kreis beginnt (in der nördlichen Hemisphäre) alljährlich am ersten Frühlingstag, also am 21. März. Und in jedem der zwölf Abschnitte, denen die Tierkreiszeichen zugeordnet sind, hält sich die Sonne, während sie ihre scheinbare Bahn vollzieht, etwa einen Monat lang auf.

Die Tierkreiszeichen lassen sich zu verschiedenen Gruppen zusammenfassen. Jeweils drei Zeichen gehören einem der vier klassischen Elemente an – Feuer (Widder, Löwe, Schütze), Erde (Stier, Jungfrau und Steinbock), Luft (Zwillinge, Waage und Wassermann) und Wasser (Krebs, Skorpion und Fische). Jedem Element werden bestimmte Eigenschaften zugeschrieben:

Feuer

kontaktfreudig, dynamisch, inspirativ

Erde

vernünftig, beständig, zuverlässig

Luft

nachdenklich, einfallsreich, redselig

Wasser

sensibel, sinnlich, beschützend

Eine zweite Einteilung erfolgt nach dem jahreszeitlichen Rhythmus: Zu Beginn einer jeden Jahreszeit sprechen wir von so genannten bewegten oder bewegenden Zeichen (Widder, Krebs, Waage und Steinbock), in der Mitte von festen Zeichen (Stier, Löwe, Skorpion und Wassermann) und am Ende von angleichenden (veränderlichen) Zeichen (Zwillinge, Jungfrau, Schütze und Fische). Diese Gruppen können wiederum mit bestimmten Merkmalen belegt werden:

Bewegt *Führung, Originalität*
Fest *Loyalität, Beständigkeit*
Angleichend *Vielseitigkeit, Anpassungsfähigkeit*

Alles in allem unterscheidet sich jedes Tierkreiszeichen von seinen Nachbarn und seine einzigartigen Merkmale wurden im Laufe der Jahrhunderte durch Symbole wie Widder, Stier und dergleichen dargestellt. Diese (hauptsächlich tierhaften) Darstellungen finden sich in den Glyphen für die Tierkreiszeichen im ganzen Buch wieder – so tauchen die Hörner in der Glyphe für Widder auf, die M-Glyphe für Jungfrau ist die Initiale der Jungfrau Maria.

Natürlich beschäftigt sich die Astrologie nicht nur mit den Tierkreiszeichen. Um es zu bestimmen, müssen Sie lediglich das Geburtsdatum wissen. Suchen Sie aber einen professionellen Astrologen auf, wird er Sie nach Zeitpunkt und Ort der Geburt Ihres Kindes fragen. Anhand dieser Daten erstellt er ein persönliches Geburtshoroskop – eine Art detaillierte Himmelskarte zur Geburtszeit und aus der Sicht des Geburtsortes. Mit besonderer Aufmerksamkeit gegenüber der Stellung des Mondes und der acht »astrologischen« Planeten kann das Horoskop Aufschluss über die Persönlichkeit des Einzelnen und seine möglichen Entscheidungen im Leben geben. Trotzdem spielt das Tierkreiszeichen in jeder Persönlichkeitseinschätzung eine wichtige Rolle, und gerade bei Kindern maß man ihm schon immer große Bedeutung bei.

Dieses Buch handelt von den Tierkreiszeichen. Es ist übersichtlich gegliedert, sodass Sie schnell die Informationen finden, die Sie brauchen, um eine engere Auswahl an passenden Namen zu treffen. Außerdem enthält es einige Ratschläge darüber, wie man unter dem jeweiligen Zeichen geborene Kinder aufzieht. Ihr Kind wird es Ihnen später danken, dass Sie sich die Zeit genommen haben, mit Weisheit und Sorgfalt den Namen auszusuchen, der seine innersten Träume und Ziele am besten spiegelt.

Widder	Aries	♈	21. März – 20. April
Stier	Taurus	♉	21. April – 20. Mai
Zwillinge	Gemini	♊	21. Mai – 20. Juni
Krebs	Cancer	♋	21. Juni – 22. Juli
Löwe	Leo	♌	23. Juli – 22. August
Jungfrau	Virgo	♍	23. August – 22. September
Waage	Libra	♎	23. September – 23. Oktober
Skorpion	Scorpio	♏	24. Oktober – 22. November
Schütze	Sagittarius	♐	23. November – 21. Dezember
Steinbock	Capricorn	♑	22. Dezember – 20. Januar
Wassermann	Aquarius	♒	21. Januar – 19. Februar
Fische	Pisces	♓	20. Februar – 20. März

Beim Eintritt in ein neues Zeichen geboren?

Wird Ihr Kind beim Eintritt in ein neues Zeichen geboren – das heißt, genau zu der Zeit, in der ein Tierkreiszeichen endet und ein neues beginnt (zum Beispiel am 20. April: An diesem Tag endet das Widder- und beginnt das Stier-Zeichen) – müssen Sie beide Zeichen als gleich bedeutend betrachten. Die Sonne steht nämlich nicht immer am gleichen Datum zur gleichen Zeit genau an derselben Stelle. Auch wenn Sie mehr über Astrologie wissen möchten, bietet Ihnen »www.astro-kolleg.de« aktuelle Nachrichten und hilfreiche Informationen.

So benutzen Sie dieses Buch

Zuallererst bestimmen Sie das Tierkreiszeichen Ihres Kindes, indem Sie sein Geburtsdatum mit der Liste der Zeichen auf Seite 11 vergleichen. Dann schlagen Sie das entsprechende, in mehrere Abschnitte gegliederte Kapitel auf.

Einführung in das Tierkreiszeichen

Ein Überblick informiert Sie über die grundlegenden Persönlichkeitsmerkmale der Kinder mit dem jeweiligen Zeichen.

Als Nächstes wird der herrschende Planet vorgestellt. Jedes Tierkreiszeichen wird von einem der »astrologischen« Planeten regiert und diese Himmelskörper, oft von großer mythologischer oder kultureller Bedeutung, liefern einen wichtigen Schlüssel zum Verständnis der Natur des jeweiligen Zeichens selbst.

Dann wird kurz erläutert, was das Zeichen in Bezug auf sein Element bedeutet. Ein Kind beispielsweise, das unter einem dynamischen, bewegten Feuerzeichen geboren wurde, hält einen viel mehr in Trab als ein unter einem sanften, angleichenden Wasserzeichen geborenes Kind. Nun werden die äußerlichen Merkmale und die Gesundheit behandelt. Vor langer Zeit ging man davon aus, dass jedes der Tierkreiszeichen eine bestimmte Körperregion regierte, ein Zusammenhang, der uns nicht mehr so klar ist wie wahrscheinlich einst unseren Ahnen. Beim Widder war es der Kopf, bei den Fischen die Füße und so weiter. Es mag sich seltsam anhören, aber diese Wechselbeziehungen erweisen sich oft als richtig.

Es folgt ein Blick auf einige Berühmtheiten, die unter dem fraglichen Zeichen geboren wurden. Zum Schluss werden Glück bringende Verbindungen aufgelistet: die traditionellen Übereinstimmungen der einzelnen Zeichen mit Edelsteinen, Farben, Pflanzen und Metallen. Sie unterscheiden sich gewaltig von den Listen, die beispielsweise Juweliere aufstellen, in denen entsprechend der momentanen Laune des Verkaufsleiters jedem Monat ein Edelstein zugeschrieben wird. Unsere Verbindungen basieren auf jahrhundertelanger Praxis der klassischen Astrologie und sie sind nicht nur hilfreich beim Verstehen individueller Vorlieben, sondern auch eine wahre Fundgrube auf der Suche nach passenden Namen.

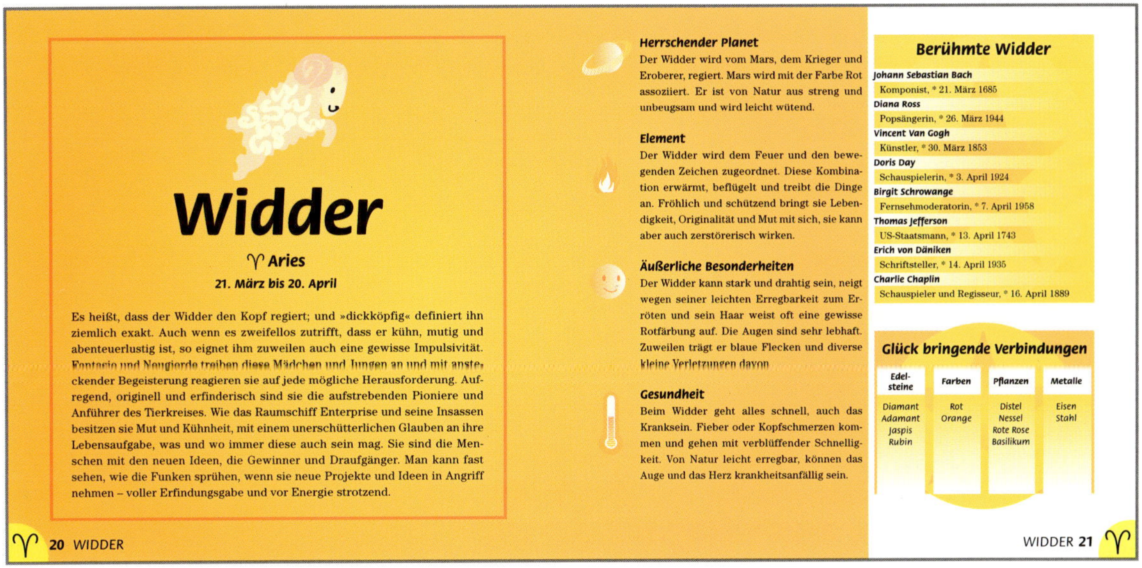

Widder

♈ Aries

21. März bis 20. April

Es heißt, dass der Widder den Kopf regiert; und »dickköpfig« definiert ihn ziemlich exakt. Auch wenn es zweifellos zutrifft, dass er kühn, mutig und abenteuerlustig ist, so eignet ihm zuweilen auch eine gewisse Impulsivität. Fantasie und Neugierde treiben diese Mädchen und Jungen an und mit ansteckender Begeisterung reagieren sie auf jede mögliche Herausforderung. Aufregend, originell und erfinderisch sind sie die aufstrebenden Pioniere und Anführer des Tierkreises. Wie das Raumschiff Enterprise und seine Insassen besitzen sie Mut und Kühnheit, mit einem unerschütterlichen Glauben an ihre Lebensaufgabe, was und wo immer diese auch sein mag. Sie sind die Menschen mit den neuen Ideen, die Gewinner und Draufgänger. Man kann fast sehen, wie die Funken sprühen, wenn sie neue Projekte und Ideen in Angriff nehmen – voller Erfindungsgabe und vor Energie strotzend.

♈ 20 WIDDER

Herrschender Planet
Der Widder wird vom Mars, dem Krieger und Eroberer, regiert. Mars wird mit der Farbe Rot assoziiert. Er ist von Natur aus streng und unbeugsam und wird leicht wütend.

Element
Der Widder wird dem Feuer und den bewegenden Zeichen zugeordnet. Diese Kombination erwärmt, beflügelt und treibt die Dinge an. Fröhlich und schützend bringt sie Lebendigkeit, Originalität und Mut mit sich, sie kann aber auch zerstörerisch wirken.

Äußerliche Besonderheiten
Der Widder kann stark und drahtig sein, neigt wegen seiner leichten Erregbarkeit zum Erröten und sein Haar weist oft eine gewisse Rotfärbung auf. Die Augen sind sehr lebhaft. Zuweilen trägt er blaue Flecken und diverse kleine Verletzungen davon.

Gesundheit
Beim Widder geht alles schnell, auch das Kranksein. Fieber oder Kopfschmerzen kommen und gehen mit verblüffender Schnelligkeit. Von Natur leicht erregbar, können das Auge und das Herz krankheitsanfällig sein.

Berühmte Widder

Johann Sebastian Bach
Komponist, * 21. März 1685
Diana Ross
Popsängerin, * 26. März 1944
Vincent Van Gogh
Künstler, * 30. März 1853
Doris Day
Schauspielerin, * 3. April 1924
Birgit Schrowange
Fernsehmoderatorin, * 7. April 1958
Thomas Jefferson
US-Staatsmann, * 13. April 1743
Erich von Däniken
Schriftsteller, * 14. April 1935
Charlie Chaplin
Schauspieler und Regisseur, * 16. April 1889

Glück bringende Verbindungen

Edelsteine	Farben	Pflanzen	Metalle
Diamant Adamant Jaspis Rubin	Rot Orange	Distel Nessel Rote Rose Basilikum	Eisen Stahl

WIDDER 21 ♈

Wie erziehe ich mein Widder-Kind

War das ein Blitz, der da gerade durchs Zimmer schoss? Nein, es war Ihr Widder-Kind. Es sind impulsive kleine Geschöpfe, die wild und recht laut herumflitzen, immer dringend etwas suchen, während ihnen vor Aufregung die Luft wegbleibt. Offen, entschlossen und äußerst unabhängig bestehen sie darauf, die Kontrolle zu haben, und mit typischer Widder-Spontanität neigen sie zu Wutanfällen, wenn man ihnen in die Quere kommt. Und warum auch nicht – sie haben doch schließlich all die glänzenden Ideen! Als Ausgleich haben Sie jedoch ein besonders warmherziges und anhängliches Kind. Ganz kleine Widder-Kinder lieben Geschichten und Spiele mit einem fantastischen und abenteuerlichen Sujet – alles, was ihre Vorstellungskraft beflügelt. Später sind sie sehr gesellig und kontaktfreudig, mögen Spielzeug und Sport, fahren gern um die Wette Fahrrad und suchen Herausforderungen. Halten Sie Verbandzeug griffbereit. Seien Sie auf die Schrammen und Beulen gefasst, die sie sich zuziehen. Und darauf, dass alles nicht so schnell geht, wie es ihrer Meinung nach sein sollte – nämlich sofort!

Widder in der Familie
Sie werden schnell herausfinden, dass Widder-Kinder unverbesserliche Abenteurer sind. Sie genießen Entdeckungen und haben die lebhafteste und reichste Fantasie. Ebenso sind sie leicht gelangweilt, wenn sie »nichts zu tun« haben. Anhänglich und liebevoll in ihren ruhigeren Momenten, widmen sie sich denen, die ihren Drang nach Abenteuer und Spiel fördern. Am besten kommen sie mit den anderen Feuerzeichen Schütze und Löwe und ganz gut mit Wassermann und Zwillingen aus.

Freundschaft
Mit ihrer Liebe zu allem Neuen und dem Mars-Drang nach dem wilden Leben ziehen Widder-Kinder Freundschaften an sich, die ihnen Gelegenheit bieten, ihre Führereigenschaften zu beweisen. Sie haben so viele große Pläne und andere werden einfach zuhören und Notiz nehmen müssen – andernfalls ...! Folglich geraten sie leicht mit denen aneinander, die andere Vorstellungen haben, aber sie vertragen sich auch wieder schnell.

Schule
In der Schule sind Widder-Kinder voller Begeisterung, neue Dinge zu lernen, verlieren aber leicht das Interesse, wenn Notwendigkeit und Pflicht die anfängliche Aufregung, etwas zu entdecken, ablösen. Verzweifeln Sie nicht! Sie sind selten – wenn überhaupt – faul, sondern nur schnell gelangweilt und holen den Zeitverlust erstaunlich schnell auf, wenn sie im Rennen zurückzufallen glauben. Solange ein gewisses abenteuerliches Gefühl den Lernprozess begleitet, sind sie natürliche Leistungstypen, die sich auch im Sport, in Einzeldisziplinen wie Laufen oder Springen und allem Marshaften hervortun, bei dem das Schwingen von Schlägern, wie beim Kricket, Baseball oder Tennis, erforderlich ist. Sie gewinnen gern – nicht nur auf dem Spielfeld.

Hobbys und Interessen
Erfinderisch und wissbegierig, haben Widder-Kinder eine bunte Palette von Hobbys. Computer, Internet, Sport, in einer Band spielen, Reisen, Sammeln – alles. Die dem Widder typische Individualität und Erfindungsgabe wiederum werden auf jeden dieser Bereiche angewendet – oder manchmal auf alle zusammen! Folglich kann Ihrem kleinen Widder das Taschengeld sehr schnell ausgehen. Er will alles Neue haben und Sie werden diese Begeisterung manchmal dämpfen müssen, einfach um zahlungsfähig zu bleiben.

♈ 22 WIDDER

WIDDER 23 ♈

Die Erziehung Ihres Kindes

Dieser Abschnitt beschäftigt sich damit, womit Eltern rechnen können, während sie ihren kleinen Steinbock oder Löwen (oder Jungfrau oder Wassermann ...) großziehen. Jedes Zeichen verträgt sich mit einigen besser als mit anderen; welche das sind, lesen Sie hier. (Siehe auch Seite 140-143 über die Verträglichkeit zwischen den Zeichen.) Es wird im Einzelnen auf das Familienleben, Freundschaften, Schule und Hobbys eingegangen. Natürlich ist jedes Kind einzigartig und entspricht vielleicht den Beschreibungen ganz genau oder gar nicht. Wenn Ihr normalerweise ruhiges Fische-Kind in seinem Horoskop Mars in Konjunktion mit der Sonne hat, liegen die Dinge wahrscheinlich tatsächlich ganz anders. Aber diese Abweichungen sind eher die Ausnahme als die Regel und fallen in den Bereich umfassender astrologischer Analyse. (Für weitere Informationen zu diesem Thema siehe im Internet unter www. astrologix.de.)

Die Wahl eines Namens

Hier geht es nun konkret darum, jedes Zeichen, seinen Planetenherrscher und seine unzähligen Assoziationen zu untersuchen, um passende Namen herauszufinden. Wir greifen auf alle möglichen Quellen zurück – unter anderem die alten Griechen und Römer mit ihrer Fülle an mythischen Überlieferungen, die germanischen Einflüsse, den angloamerikanischen Kulturkreis. Und wir beziehen die christliche Tradition ein – denn schließlich entscheiden sich viele von uns für einen »christlichen« Namen. Darum werden Sie hier auch Anspielungen auf biblische Namen und die Geschichte des Christentums selbst finden.

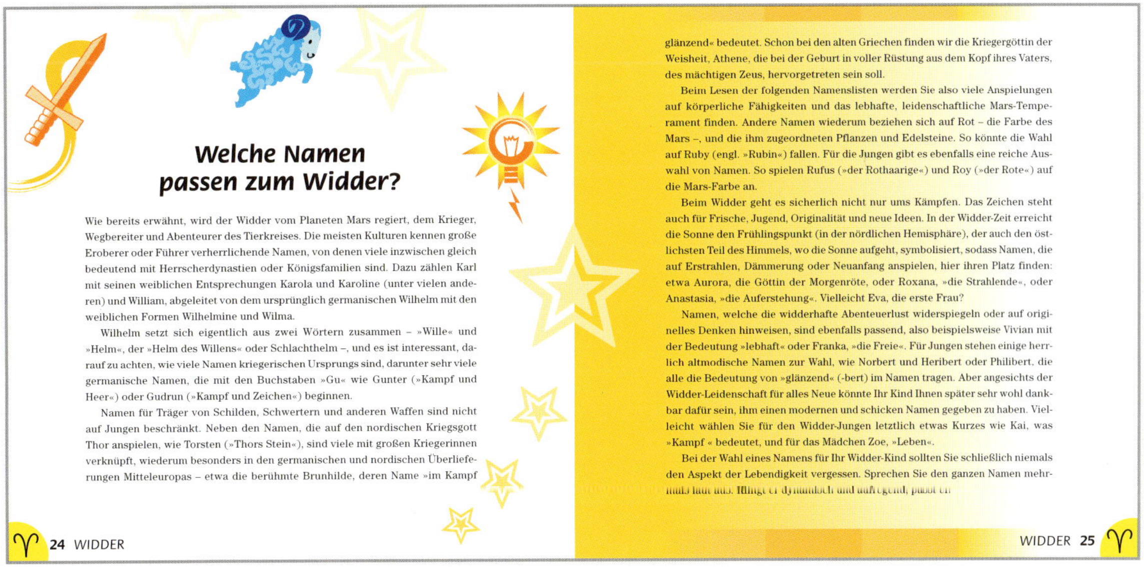

Welche Namen passen zum Widder?

Wie bereits erwähnt, wird der Widder vom Planeten Mars regiert, dem Krieger, Wegbereiter und Abenteurer des Tierkreises. Die meisten Kulturen kennen große Eroberer oder Führer verherrlichende Namen, von denen viele inzwischen gleich bedeutend mit Herrscherdynastien oder Königsfamilien sind. Dazu zählen Karl mit seinen weiblichen Entsprechungen Karola und Karoline (unter vielen anderen) und William, abgeleitet von dem ursprünglich germanischen Wilhelm mit den weiblichen Formen Wilhelmine und Wilma.

Wilhelm setzt sich eigentlich aus zwei Wörtern zusammen – »Wille« und »Helm«, der »Helm des Willens« oder Schlachthelm –, und es ist interessant, darauf zu achten, wie viele Namen kriegerischen Ursprungs sind, darunter sehr viele germanische Namen, die mit den Buchstaben »Gu« wie Gunter (»Kampf und Heer«) oder Gudrun (»Kampf und Zeichen«) beginnen.

Namen für Träger von Schilden, Schwertern und anderen Waffen sind nicht auf Jungen beschränkt. Neben den Namen, die auf den nordischen Kriegsgott Thor anspielen, wie Torsten (»Thors Stein«), sind viele mit großen Kriegerinnen verknüpft, wiederum besonders in den germanischen und nordischen Überlieferungen Mitteleuropas – etwa die berühmte Brunhilde, deren Name »im Kampf glänzend« bedeutet. Schon bei den alten Griechen finden wir die Kriegergöttin der Weisheit, Athene, die bei der Geburt in voller Rüstung aus dem Kopf ihres Vaters, des mächtigen Zeus, hervorgetreten sein soll.

Beim Lesen der folgenden Namenslisten werden Sie also viele Anspielungen auf körperliche Fähigkeiten und das lebhafte, leidenschaftliche Mars-Temperament finden. Andere Namen wiederum beziehen sich auf Rot – die Farbe des Mars –, und die ihm zugeordneten Pflanzen und Edelsteine. So könnte die Wahl auf Ruby (engl. »Rubin«) fallen. Für die Jungen gibt es ebenfalls eine reiche Auswahl von Namen. So spielen Rufus (»der Rothaarige«) und Roy (»der Rote«) auf die Mars-Farbe an.

Beim Widder geht es sicherlich nicht nur ums Kämpfen. Das Zeichen steht auch für Frische, Jugend, Originalität und neue Ideen. In der Widder-Zeit erreicht die Sonne den Frühlingspunkt (in der nördlichen Hemisphäre), der auch den östlichsten Teil des Himmels, wo die Sonne aufgeht, symbolisiert, sodass Namen, die auf Erstrahlen, Dämmerung oder Neuanfang anspielen, hier ihren Platz finden: etwa Aurora, die Göttin der Morgenröte, oder Roxana, »die Strahlende«, oder Anastasia, »die Auferstehung«. Vielleicht Eva, die erste Frau?

Namen, welche die widderhafte Abenteuerlust widerspiegeln oder auf originelles Denken hinweisen, sind ebenfalls passend, also beispielsweise Vivian mit der Bedeutung »lebhaft« oder Franka, »die Freie«. Für Jungen stehen einige herrlich altmodische Namen zur Wahl, wie Norbert und Heribert oder Philibert, die alle die Bedeutung von »glänzend« (-bert) im Namen tragen. Aber angesichts der Widder-Leidenschaft für alles Neue könnte Ihr Kind Ihnen später sehr wohl dankbar dafür sein, ihm einen modernen und schicken Namen gegeben zu haben. Vielleicht wählen Sie für den Widder-Jungen letztlich etwas Kurzes wie Kai, was »Kampf « bedeutet, und für das Mädchen Zoe, »Leben«.

Bei der Wahl eines Namens für Ihr Widder-Kind sollten Sie schließlich niemals den Aspekt der Lebendigkeit vergessen. Sprechen Sie den ganzen Namen mehrmals laut aus. Klingt er dynamisch und aufregend, passt er

24 WIDDER

WIDDER 25

100 Namen für Mädchen beziehungsweise Jungen

Die einzelnen Kapitel enden mit den Namenslisten selbst. Zu den Namen sind die entsprechenden Bedeutungen angeführt. Im Zusammenhang damit, was Sie über das jeweilige Tierkreiszeichen gelesen haben, werden Sie viele Hinweise darauf entdecken, wie der Zusammenhang zwischen dem Namen und seinem Zeichen hergestellt wurde. So taucht beim Schützen der Name Lätitia auf, der »Freude, Frohsinn« bedeutet – Eigenschaften, die auch dem Planetenherrscher, dem jovialen, lebenslustigen Jupiter, zugeschrieben werden. Nehmen Sie einfach Ihre Lieblingsnamen in die engere Auswahl!

Manchmal finden Sie einen Namen unter mehr als einem Zeichen. Einige Namen haben weit gehende, fast universelle Eigenschaften und Bedeutungen. Ein gutes Beispiel dafür ist Karl mit den weiblichen Formen Charlotte und Karla. Karl bedeutet einfach »frei, mutig, stark« – eine

100 Namen für Widder-Mädchen

A **Alexandra/Alexis/Lexia** Verteidigerin der Männer
Aloysia/Aloisia zu Alois/Louis; berühmte Kriegerin
Amalia/Amelie tapfer, tüchtig
Anastasia Auferstehung
Athene griech. Kriegsgöttin, weise
Aurora Göttin der Morgendämmerung

B **Bernadette** kleines Mädchen, mutig wie ein Bär
Bernhilde kämpferisch wie ein Bär
Bernice/Berenike die den Sieg bringt
Berta/Bertha die Glänzende
Brenda brennendes Schwert
Brigitte/Birgit Stärke
Bronislawa/Bronia Brünne (Panzer), ruhmreich
Brunhilde/Brunhild/Bruni Brünne (Panzer), im Kampf glänzend
Bryonia Heilpflanze des Mars

C **Carlotta/Charlotte** (zu Karl) frei,mutig, stark
Carola/Caroline/Karola/Karoline (zu Karl) frei , mutig, stark
Clara/Klara/Clarisse/Clair klar, hell, berühmt

D **Dajana/Dayana** die Widerstehende
Diana röm. Göttin der Jagd und des Mondes
Doris Dorerin, Speerkämpferin

E **Edith/Editha** Besitz und Kampf
Elfriede/Elfi Elfen und Stärke
Emilia/Emily röm. Geschlechtername Aemilius, der Eifrige
Erika die beständig Herrschende
Erna/Ernestine Kriegerin, Streiterin
Eunice guter Sieg
Eva/Eve erste Frau, das Leben

F **Frances/Franka/Franziska** die Freie
Frauke Frau, Herrin
Friederike Schutz vor Waffen und Herrscherin
Friedrun die das Geheimnis schützt

G **Gabriele** Streiterin für den Herrn
Geraldine die mit dem Speer herrscht
Gerburg/Gerburga Speer und Burg
Gerhild/Gerhilde Speer und Kampf
Gertrude/Gertrud starker Speer
Gloria die Ruhmvolle
Griselda/Griseldis die graue Kämpferin
Gudrun/Gunda Kampf und Zeichen

H **Hedda** die Streitbare
Hedwig Kampf und Krieg
Helena/Helene strahlend, Glanz der Sonne

26 WIDDER

mutig dynamisch willensstark

mutig dynamisch willensstark

Herta/Hertha die Kriegerische
Hilda, Hilde Kriegerin
Hildrun Kampf und Geheimnis

I **Imogen** Tochter, Mädchen
Isgard Eisen und Umzäunung
Isolde die Waffenmeisterin

J **Jocelyn/Josceline** kleine Gotin

L **Lana** siehe Swetlana
Lara/Laura mit Lorbeer bekränzt
Larissa die Möwe
Louise/Luise/Ludovica berühmte Kämpferin

M **Marcella/Marcia** von Mars abgeleitet
Marsha von Mars abgeleitet
Marta/Martha die Herrin
Martina von Mars abgeleitet
Mathilde/Matilda/Maud mächtige Kämpferin
Mechthild mächtige Kämpferin
Michaela/Michelle Streiterin für Gott
Minna von Wilhelmine
Miranda die Wunderbare
Miroslawa/Mira Frieden und Ruhm

N **Natalie/Natalia** Tag der Geburt
Nicola/Nicole/Nikola Siegerin im Kampf

O **Olympia** die vom Olymp stammt
Ortrun Spitze der Waffe
Ornella ital. aus Eschenholz

P **Patricia/Patrizia** röm. Geschlechtername
Priska/Priscilla die Alteingesessene

R **Regula** kleine Königin
Renate/Renee die Wiedergebore
Reinhild Ratschluss und Kampf
Rixa Herrscherin, Mächtige, Reiche
Roberta/Robina glänzender Ruhm
Rosalinde/Rosa Ruhm, Preis, Schild
Roswitha die weithin Berühmte
Rotraud Ruhm und Stärke
Rowena Ruhm und Freude
Roxana die Strahlende, Morgenröte
Ruby Rubin, roter Edelstein

S **Sara, Sarah** Herrin, Fürstin
Scarlett Färberin roten Stoffes
Swetlana die Strahlende

T **Therese** Jägerin
Tilda/Tilly siehe Mathilde
Trude/Trudy siehe Gertrud

U **Ursula/Ursel** die kleine Bärin

V **Valentine/Valentina** gesund und stark
Valeria die Kräftige
Veronika die den Sieg bringt
Victoria/Viktoria Siegerin
Vivian/Vivienne lebhaft, beweglich, lebenslustig

W **Waltraud/Waltraut** herrschen, Kraft und Stärke
Wilhelmine/Wilma Wille und Helm

Z **Zdenka** slaw. Frau aus Sidon
Zella siehe Marcella
Zora slaw. Morgenröte
Zoe Freiheit, Leben

WIDDER 27

100 Namen für Widder-Jungen

A **Adolf/Adolph** edler Wolf
Adam der erste Mann
Adalbert edel und glänzend
Albrecht edel und glänzend
Alexander der Männer Abwehrende
Alfons eifriger Krieger
Alwin edler Freund
Andreas der Mannhafte
Ansgar Gott und Speer
Archibald/Archibold vornehm und kühn
Arnold wie ein Adler herrschend

B **Balduin** kühner Freund
Bernhard/Bernd mutig wie ein Bär, Krieger
Berthold/Bertold glänzen und herrschen
Boris Kampfesruhm
Brian/Bryan von kelt. hoch, erhaben, edel
Burkhard Burg und hart

C **Caesar** schneidend
Camillo von lat. edelgeborener Knabe
Charles siehe Karl; freier Mann
Cornelius röm. Geschlechtername; Horn
Colin Kf. von Nikolaus

D **Dieter** Heer des Volkes
Dietrich Volk und mächtig , Herrscher
Donald mächtige Welt
Dorian der Dorer, Speerkämpfer
Dustin Thors Stein, Kämpfer (siehe Torsten)

E **Eberhard** starker Eber
Edmund Beschützes des Gutes
Egbert glänzendes Schwert
Emil vom röm. Geschlechternamen, Nacheiferer
Engelbert glänzend im Stamm der Angeln
Erich/Erik beständiger Führer
Ernst Krieger
Erwin Heer und Freund
Esteban/Etienne span./franz. für gekrönter Sieger

F **Falk/Falko** der Falke

G **Gerhard/Gerhart** Speer und Härte
Gernot Speer und Not
Gilbert reich und glänzend
Gunnar nord. Kampf und Heer
Gunter/Günter/Günther Kampf und Heer
Gustav Kampf und Stab (Rune)

H **Harald/Harold** Heerführer
Harvey/Herwig Kämpfer in der Schlacht
Hartwig starker Kämpfer
Heinrich mächtiger Herrscher
Herbert/Heribert prächtig im Heer
Hermann Heeresmann, Krieger

mutig *dynamisch* **willensstark**

mutig *dynamisch* **willensstark**

I **Ignatius/Ignaz** feurig
Ingobert germ. Gott und berühmt
Igor russ. für Gott und berühmt

K **Kai** von ahd. Kampf
Karl/Carlo/Carlos freier Mann
Kilian kelt. für Kämpfer
Klaus Kf. von Nikolaus
Konrad kühner Ratgeber

L **Lajos** ungar. für Ludwig
Lars nord. für Laurenz
Laurenz/Lorenz mit Lorbeer gekrönt
Leander Mann aus dem Volk
Louis franz. für Ludwig
Ludwig berühmter Krieger

M **Mark/Marlon** von lat. Mars
Martin von lat. Mars
Meinhard Stärke und Härte
Miklós Sieger (ungar. für Nikolaus)

N **Niels** Sieger (nord. für Nikolaus)
Nikolaus/Nikolas Sieg und Kriegsvolk
Norbert der im Norden Berühmte

O **Ortwin** Spitze der Waffe
Oskar/Oscar Gott und Speer
Oswald Gott und Herrschaft

P **Parsival** der im Kampf das Tal durchmisst
Philibert groß, glänzend

R **Ralf/Ralph** Ratgeber und Wolf
Rainer/Reiner Beschluss und Heer
Randolf/Randolph Schild und Wolf
Roland wagemutig und Ruhm
Roy kelt. der Rote
Rudolf Ruhm, Ehre und Wolf
Rufus der Rothaarige

S **Salvator/Salvatore** Erretter, Erlöser
Siegfried Sieg und Frieden
Siegmund/Sigismund Beschützer, Sieger
Stefan/Steffen gekrönter Sieger

T **Thorwald** Gott Thor herrscht
Torsten Thor und (Stein-)Waffe
Tristan/Tristram Waffengeklirr

V **Victor/Viktor** der Sieger
Vincent/Vinzenz der Siegende
Volkmar beim Kriegsvolk berühmt

W **Waldemar/Woldemar** berühmter Herrscher
Walter Heerführer
Wenzel/Wenzeslaus Mehrer des Ruhms
Werner/Wernher Beschützer des Heeres
Wilhelm/William Wille und Helm
Wolfgang anstürmender Wolf

X **Xavier/Xaver** von Schloss Xavier abgeleitet

Z **Zygmunt** poln. für Siegmund

28 WIDDER

WIDDER 29

Bedeutung, die sich auf die eher freiheitsliebenden und unabhängigen Tierkreiszeichen wie Widder, Zwillinge und Wassermann anwenden lässt. Andere Namen aus verschiedenen Kulturen wiederum haben mehr als eine Bedeutung. So wird Colin (die Kurzform von Nikolaus) als »junger Häuptling«, was ihm einen Platz im Widder-Lager sichert, aber auch als »Taube« gedeutet, und in diesem Zusammenhang ist er als Friedenssymbol ein Waage-Name.

Einige Namen sind – oft überaus beliebte wie Paul – nicht immer leicht einzuordnen, da Paul und seine weibliche Form Paula lediglich »klein« bedeuten. Manchmal müssen wir etwas tiefer graben, um die umfassendere Bedeutung solcher Namen herauszufinden. In der Bibel war es Paulus, der auf der Straße nach Damaskus auf dramatische Weise zum Christentum bekehrt wurde – darum findet sich der Name bei den Fischen, einem oft mit Glauben, Mystik und Philosophie in Verbindung gebrachten Zeichen. Das soll nicht heißen, dass Ihr kleiner Fische-Paul kein Riese von Baby sein kann – und falls das zutrifft und das in der Familie liegt, sollten Sie diese Wahl eventuell überdenken. Sie können die Liste also auch als Filter verwenden, um sicherzustellen, dass Sie sich nicht auf einen eklatant unpassenden Namen festlegen.

Sagen Sie ihn laut!

Haben Sie sich schließlich entschieden, sprechen Sie ihn mit dem Nachnamen laut aus und achten Sie darauf, wie das Ganze klingt. Passen sie zusammen? Hat der Name einen guten Rhythmus, oder weist er irgendwelche merkwürdigen Nebenbedeutungen auf, die Ihnen im ersten Moment gar nicht bewusst sind, die aber andere Kinder veranlassen könnten, sich über ihn lustig zu machen? Das ist besonders wichtig. Stellen Sie sich selbst wieder als Kind vor, das genau in der Mitte des Schulhofes steht (Sie erinnern sich doch daran, wie das war!), und rufen Sie den vollständigen Namen. Es überrascht Sie vielleicht, wie oft Sie etwas um sich herum verändern müssen, bis es auf Akzeptanz in der großen wilden Welt stößt.

Und jetzt?

Jetzt kann ich nur noch hoffen, dass Sie in diesem Buch entdecken, welch erstaunliche Tiefe und Geschichte Namen haben. Wenn wir keine Namen hätten, müssten wir Zahlen tragen, was doch sehr langweilig wäre. Die Namengebung eines neuen Lebens mit all seinen grenzenlosen Möglichkeiten wurde von allen Völkern in der Geschichte als ein bedeutungsvoller Augenblick betrachtet – und aus diesem Grund wurde sie so oft durch Zeremonien und Feiern begleitet. Und auch wenn Sie Ihrem Kind einen ganz anderen Namen geben, ist es vielleicht keine schlechte Idee, zumindest einen zweiten Vornamen nach astrologischen Prinzipien auszuwählen.

Diese Listen sind nicht nur für die Namenwahl von Kindern gedacht. Auch für Haustiere und sogar für Häuser, Boote und Autos sind sie ideal! Vielleicht gefällt Ihnen der Name Nero (der »stark und streng« bedeutet) überhaupt nicht für Ihr kleines Stier-Kind – aber für einen im Mai geborenen Kater könnte er durchaus geeignet sein. Anders ausgedrückt, haben Sie Spaß mit diesem Buch. Und wenn es Ihnen hilft, die hektische Welt, in der wir leben, so zu gestalten, dass sie Ihnen etwas strukturierter und bedeutungsvoller vorkommt, umso besser.

Widder

♈ Aries

21. März bis 20. April

Es heißt, dass der Widder den Kopf regiert; und »dickköpfig« definiert ihn ziemlich exakt. Auch wenn es zweifellos zutrifft, dass er kühn, mutig und abenteuerlustig ist, so eignet ihm zuweilen auch eine gewisse Impulsivität. Fantasie und Neugierde treiben diese Mädchen und Jungen an und mit ansteckender Begeisterung reagieren sie auf jede mögliche Herausforderung. Aufregend, originell und erfinderisch sind sie die aufstrebenden Pioniere und Anführer des Tierkreises. Wie das Raumschiff Enterprise und seine Insassen besitzen sie Mut und Kühnheit, mit einem unerschütterlichen Glauben an ihre Lebensaufgabe, was und wo immer diese auch sein mag. Sie sind die Menschen mit den neuen Ideen, die Gewinner und Draufgänger. Man kann fast sehen, wie die Funken sprühen, wenn sie neue Projekte und Ideen in Angriff nehmen – voller Erfindungsgabe und vor Energie strotzend.

Herrschender Planet

Der Widder wird vom Mars, dem Krieger und Eroberer, regiert. Mars wird mit der Farbe Rot assoziiert. Er ist von Natur aus streng und unbeugsam und wird leicht wütend.

Element

Der Widder wird dem Feuer und den bewegenden Zeichen zugeordnet. Diese Kombination erwärmt, beflügelt und treibt die Dinge an. Fröhlich und schützend bringt sie Lebendigkeit, Originalität und Mut mit sich, sie kann aber auch zerstörerisch wirken.

Äußerliche Besonderheiten

Der Widder kann stark und drahtig sein, neigt wegen seiner leichten Erregbarkeit zum Erröten und sein Haar weist oft eine gewisse Rotfärbung auf. Die Augen sind sehr lebhaft. Zuweilen trägt er blaue Flecken und diverse kleine Verletzungen davon.

Gesundheit

Beim Widder geht alles schnell, auch das Kranksein. Fieber oder Kopfschmerzen kommen und gehen mit verblüffender Schnelligkeit. Von Natur leicht erregbar, können das Auge und das Herz krankheitsanfällig sein.

Berühmte Widder

Johann Sebastian Bach
Komponist, * 21. März 1685

Diana Ross
Popsängerin, * 26. März 1944

Vincent Van Gogh
Künstler, * 30. März 1853

Doris Day
Schauspielerin, * 3. April 1924

Birgit Schrowange
Fernsehmoderatorin, * 7. April 1958

Thomas Jefferson
US-Staatsmann, * 13. April 1743

Erich von Däniken
Schriftsteller, * 14. April 1935

Charlie Chaplin
Schauspieler und Regisseur, * 16. April 1889

Glück bringende Verbindungen

Edelsteine	Farben	Pflanzen	Metalle
Diamant Adamant Jaspis Rubin	Rot Orange	Distel Nessel Rote Rose Basilikum	Eisen Stahl

Wie erziehe ich mein Widder-Kind

War das ein Blitz, der da gerade durchs Zimmer schoss? Nein, es war Ihr Widder-Kind. Es sind impulsive kleine Geschöpfe, die wild und recht laut herumflitzen, immer dringend etwas suchen, während ihnen vor Aufregung die Luft wegbleibt. Offen, entschlossen und äußerst unabhängig bestehen sie darauf, die Kontrolle zu haben, und mit typischer Widder-Spontanität neigen sie zu Wutanfällen, wenn man ihnen in die Quere kommt. Und warum auch nicht – sie haben doch schließlich all die glänzenden Ideen! Als Ausgleich haben Sie jedoch ein besonders warmherziges und anhängliches Kind. Ganz kleine Widder-Kinder lieben Geschichten und Spiele mit einem fantastischen und abenteuerlichen Sujet – alles, was ihre Vorstellungskraft beflügelt. Später sind sie sehr gesellig und kontaktfreudig, mögen Spielzeug und Sport, fahren gern um die Wette Fahrrad und suchen Herausforderungen. Halten Sie Verbandzeug griffbereit. Seien Sie auf die Schrammen und Beulen gefasst, die sie sich zuziehen. Und darauf, dass alles nicht so schnell geht, wie es ihrer Meinung nach sein sollte – nämlich sofort!

Widder in der Familie

Sie werden schnell herausfinden, dass Widder-Kinder unverbesserliche Abenteurer sind. Sie genießen Entdeckungen und haben die lebhafteste und reichste Fantasie. Ebenso sind sie leicht gelangweilt, wenn sie »nichts zu tun« haben. Anhänglich und liebevoll in ihren ruhigeren Momenten, widmen sie sich denen, die ihren Drang nach Abenteuer und Spiel fördern. Am besten kommen sie mit den anderen Feuerzeichen Schütze und Löwe und ganz gut mit Wassermann und Zwillingen aus.

Freundschaft

Mit ihrer Liebe zu allem Neuen und dem Mars-Drang nach dem wilden Leben ziehen Widder-Kinder Freundschaften an sich, die ihnen Gelegenheit bieten, ihre Führereigenschaften zu beweisen. Sie haben so viele große Pläne und andere werden einfach zuhören und Notiz nehmen müssen – andernfalls ...! Folglich geraten sie leicht mit denen aneinander, die andere Vorstellungen haben, aber sie vertragen sich auch wieder schnell.

Schule

In der Schule sind Widder-Kinder voller Begeisterung, neue Dinge zu lernen, verlieren aber leicht das Interesse, wenn Notwendigkeit und Pflicht die anfängliche Aufregung, etwas zu entdecken, ablösen. Verzweifeln Sie nicht! Sie sind selten – wenn überhaupt – faul, sondern nur schnell gelangweilt und holen den Zeitverlust erstaunlich schnell auf, wenn sie im Rennen zurückzufallen glauben. Solange ein gewisses abenteuerliches Gefühl den Lernprozess begleitet, sind sie natürliche Leistungstypen, die sich auch im Sport, in Einzeldisziplinen wie Laufen oder Springen und allem Marshaften hervortun, bei dem das Schwingen von Schlägern, wie beim Kricket, Baseball oder Tennis, erforderlich ist. Sie gewinnen gern – nicht nur auf dem Spielfeld.

Hobbys und Interessen

Erfinderisch und wissbegierig, haben Widder-Kinder eine bunte Palette von Hobbys. Computer, Internet, Sport, in einer Band spielen, Reisen, Sammeln – alles. Die dem Widder typische Individualität und Erfindungsgabe wiederum werden auf jeden dieser Bereiche angewendet – oder manchmal auf alle zusammen! Folglich kann Ihrem kleinen Widder das Taschengeld sehr schnell ausgehen. Er will alles Neue haben und Sie werden diese Begeisterung manchmal dämpfen müssen, einfach um zahlungsfähig zu bleiben.

Welche Namen passen zum Widder?

Wie bereits erwähnt, wird der Widder vom Planeten Mars regiert, dem Krieger, Wegbereiter und Abenteurer des Tierkreises. Die meisten Kulturen kennen große Eroberer oder Führer verherrlichende Namen, von denen viele inzwischen gleich bedeutend mit Herrscherdynastien oder Königsfamilien sind. Dazu zählen Karl mit seinen weiblichen Entsprechungen Karola und Karoline (unter vielen anderen) und William, abgeleitet von dem ursprünglich germanischen Wilhelm mit den weiblichen Formen Wilhelmine und Wilma.

Wilhelm setzt sich eigentlich aus zwei Wörtern zusammen – »Wille« und »Helm«, der »Helm des Willens« oder Schlachthelm –, und es ist interessant, darauf zu achten, wie viele Namen kriegerischen Ursprungs sind, darunter sehr viele germanische Namen, die mit den Buchstaben »Gu« wie Gunter (»Kampf und Heer«) oder Gudrun (»Kampf und Zeichen«) beginnen.

Namen für Träger von Schilden, Schwertern und anderen Waffen sind nicht auf Jungen beschränkt. Neben den Namen, die auf den nordischen Kriegsgott Thor anspielen, wie Torsten (»Thors Stein«), sind viele mit großen Kriegerinnen verknüpft, wiederum besonders in den germanischen und nordischen Überlieferungen Mitteleuropas – etwa die berühmte Brunhilde, deren Name »im Kampf glänzend« bedeutet. Schon bei den alten Griechen finden wir die Kriegergöttin der Weisheit, Athene, die bei der Geburt in voller Rüstung aus dem Kopf ihres Vaters, des mächtigen Zeus, hervorgetreten sein soll.

Beim Lesen der folgenden Namenslisten werden Sie also viele Anspielungen auf körperliche Fähigkeiten und das lebhafte, leidenschaftliche Mars-Temperament finden. Andere Namen wiederum beziehen sich auf Rot – die Farbe des Mars –, und die ihm zugeordneten Pflanzen und Edelsteine. So könnte die Wahl auf Ruby (engl. »Rubin«) fallen. Für die Jungen gibt es ebenfalls eine reiche Auswahl von Namen. So spielen Rufus (»der Rothaarige«) und Roy (»der Rote«) auf die Mars-Farbe an.

Beim Widder geht es sicherlich nicht nur ums Kämpfen. Das Zeichen steht auch für Frische, Jugend, Originalität und neue Ideen. In der Widder-Zeit erreicht die Sonne den Frühlingspunkt (in der nördlichen Hemisphäre), der auch den östlichsten Teil des Himmels, wo die Sonne aufgeht, symbolisiert, sodass Namen, die auf Erstrahlen, Dämmerung oder Neuanfang anspielen, hier ihren Platz finden: etwa Aurora, die Göttin der Morgenröte, oder Roxana, »die Strahlende«, oder Anastasia, »die Auferstehung«. Vielleicht Eva, die erste Frau?

Namen, welche die widderhafte Abenteuerlust widerspiegeln oder auf originelles Denken hinweisen, sind ebenfalls passend, also beispielsweise Vivian mit der Bedeutung »lebhaft« oder Franka, »die Freie«. Für Jungen stehen einige herrlich altmodische Namen zur Wahl, wie Norbert und Heribert oder Philibert, die alle die Bedeutung von »glänzend« (-bert) im Namen tragen. Aber angesichts der Widder-Leidenschaft für alles Neue könnte Ihr Kind Ihnen später sehr wohl dankbar dafür sein, ihm einen modernen und schicken Namen gegeben zu haben. Vielleicht wählen Sie für den Widder-Jungen letztlich etwas Kurzes wie Kai, was »Kampf « bedeutet, und für das Mädchen Zoe, »Leben«.

Bei der Wahl eines Namens für Ihr Widder-Kind sollten Sie schließlich niemals den Aspekt der Lebendigkeit vergessen. Sprechen Sie den ganzen Namen mehrmals laut aus. Klingt er dynamisch und aufregend, passt er.

100 Namen für Widder-Mädchen

A **Alexandra/Alexis/Lexia** Verteidigerin der Männer
Aloysia/Aloisia zu Alois/Louis; berühmte Kriegerin
Amalia/Amelie tapfer, tüchtig
Anastasia Auferstehung
Athene griech. Kriegsgöttin, weise
Aurora Göttin der Morgendämmerung

B **Bernadette** kleines Mädchen, mutig wie ein Bär
Bernhilde kämpferisch wie ein Bär
Bernice/Berenike die den Sieg bringt
Berta/Bertha die Glänzende
Brenda brennendes Schwert
Brigitte/Birgit Stärke
Bronislawa/Bronia Brünne (Panzer), ruhmreich
Brunhilde/Brunhild/Bruni Brünne (Panzer), im Kampf glänzend
Bryonia Heilpflanze des Mars

C **Carlotta/Charlotte** (zu Karl) frei,mutig, stark
Carola/Caroline/Karola/Karoline (zu Karl) frei , mutig, stark
Clara/Klara/Clarisse/Clair klar, hell, berühmt

D **Dajana/Dayana** die Widerstehende
Diana röm. Göttin der Jagd und des Mondes
Doris Dorerin, Speerkämpferin

E **Edith/Editha** Besitz und Kampf
Elfriede/Elfi Elfen und Stärke
Emilia/Emily röm. Geschlechtername Aemilius, der Eifrige
Erika die beständig Herrschende
Erna/Ernestine Kriegerin, Streiterin
Eunice guter Sieg
Eva/Eve erste Frau, das Leben

F **Frances/Franka/Franziska** die Freie
Frauke Frau, Herrin
Friederike Schutz vor Waffen und Herrscherin
Friedrun die das Geheimnis schützt

G **Gabriele** Streiterin für den Herrn
Geraldine die mit dem Speer herrscht
Gerburg/Gerburga Speer und Burg
Gerhild/Gerhilde Speer und Kampf
Gertrude/Gertrud starker Speer
Gloria die Ruhmvolle
Griselda/Griseldis die graue Kämpferin
Gudrun/Gunda Kampf und Zeichen

H **Hedda** die Streitbare
Hedwig Kampf und Krieg
Helena/Helene strahlend, Glanz der Sonne

mutig *dynamisch* **willensstark**

Herta/Hertha die Kriegerische
Hilda, Hilde Kriegerin
Hildrun Kampf und Geheimnis

I **Imogen** Tochter, Mädchen
Isgard Eisen und Umzäunung
Isolde die Waffenmeisterin

J **Jocelyn/Josceline** kleine Gotin

L **Lana** siehe Swetlana
Lara/Laura mit Lorbeer bekränzt
Larissa die Möwe
Louise/Luise/Ludovica berühmte Kämpferin

M **Marcella/Marcia** von Mars abgeleitet
Marsha von Mars abgeleitet
Marta/Martha die Herrin
Martina von Mars abgeleitet
Mathilde/Matilda/Maud mächtige Kämpferin
Mechthild mächtige Kämpferin
Michaela/Michelle Streiterin für Gott
Minna von Wilhelmine
Miranda die Wunderbare
Miroslawa/Mira Frieden und Ruhm

N **Natalie/Natalia** Tag der Geburt
Nicola/Nicole/Nikola Siegerin im Kampf

O **Olympia** die vom Olymp stammt
Ortrun Spitze der Waffe
Ornella ital. aus Eschenholz

P **Patricia/Patrizia** röm. Geschlechtername
Priska/Priscilla die Alteingesessene

R **Regula** kleine Königin
Renate/Renee die Wiedergebore
Reinhild Ratschluss und Kampf
Rixa Herrscherin, Mächtige, Reiche
Roberta/Robina glänzender Ruhm
Rosalinde/Rosa Ruhm, Preis, Schild
Roswitha die weithin Berühmte
Rotraud Ruhm und Stärke
Rowena Ruhm und Freude
Roxana die Strahlende, Morgenröte
Ruby Rubin, roter Edelstein

S **Sara, Sarah** Herrin, Fürstin
Scarlett Färberin roten Stoffes
Swetlana die Strahlende

T **Therese** Jägerin
Tilda/Tilly siehe Mathilde
Trude/Trudy siehe Gertrud

U **Ursula/Ursel** die kleine Bärin

V **Valentine/Valentina** gesund und stark
Valeria die Kräftige
Veronika die den Sieg bringt
Victoria/Viktoria Siegerin
Vivian/Vivienne lebhaft, beweglich, lebenslustig

W **Waltraud/Waltraut** herrschen, Kraft und Stärke
Wilhelmine/Wilma Wille und Helm

Z **Zdenka** slaw. Frau aus Sidon
Zella siehe Marcella
Zora slaw. Morgenröte
Zoe Freiheit, Leben

100 Namen für Widder-Jungen

A
Adolf/Adolph *edler Wolf*
Adam *der erste Mann*
Adalbert *edel und glänzend*
Albrecht *edel und glänzend*
Alexander *der Männer Abwehrende*
Alfons *eifriger Krieger*
Alwin *edler Freund*
Andreas *der Mannhafte*
Ansgar *Gott und Speer*
Archibald/Archibold *vornehm und kühn*
Arnold *wie ein Adler herrschend*

B
Balduin *kühner Freund*
Bernhard/Bernd *mutig wie ein Bär, Krieger*
Berthold/Bertold *glänzen und herrschen*
Boris *Kampfesruhm*
Brian/Bryan *von kelt. hoch, erhaben, edel*
Burkhard *Burg und hart*

C
Caesar *schneidend*
Camillo *von lat. edelgeborener Knabe*
Charles *siehe Karl; freier Mann*
Cornelius *röm. Geschlechtername; Horn*
Colin *Kf. von Nikolaus*

D
Dieter *Heer des Volkes*
Dietrich *Volk und mächtig , Herrscher*
Donald *mächtige Welt*
Dorian *der Dorer, Speerkämpfer*
Dustin *Thors Stein, Kämpfer (siehe Torsten)*

E
Eberhard *starker Eber*
Edmund *Beschützes des Gutes*
Egbert *glänzendes Schwert*
Emil *vom röm. Geschlechternamen, Nacheiferer*
Engelbert *glänzend im Stamm der Angeln*
Erich/Erik *beständiger Führer*
Ernst *Krieger*
Erwin *Heer und Freund*
Esteban/Etienne *span./franz. für gekrönter Sieger*

F
Falk/Falko *der Falke*

G
Gerhard/Gerhart *Speer und Härte*
Gernot *Speer und Not*
Gilbert *reich und glänzend*
Gunnar *nord. Kampf und Heer*
Gunter/Günter/Günther *Kampf und Heer*
Gustav *Kampf und Stab (Rune)*

H
Harald/Harold *Heerführer*
Harvey/Herwig *Kämpfer in der Schlacht*
Hartwig *starker Kämpfer*
Heinrich *mächtiger Herrscher*
Herbert/Heribert *prächtig im Heer*
Hermann *Heeresmann, Krieger*

mutig *dynamisch* **willensstark**

mutig *dynamisch* **willensstark**

I **Ignatius/Ignaz** *feurig*
Ingobert *germ. Gott und berühmt*
Igor *russ. für Gott und berühmt*

K **Kai** *von ahd. Kampf*
Karl/Carlo/Carlos *freier Mann*
Kilian *kelt. für Kämpfer*
Klaus *Kf. von Nikolaus*
Konrad *kühner Ratgeber*

L **Lajos** *ungar. für Ludwig*
Lars *nord. für Laurenz*
Laurenz/Lorenz *mit Lorbeer gekrönt*
Leander *Mann aus dem Volk*
Louis *franz. für Ludwig*
Ludwig *berühmter Krieger*

M **Mark/Marlon** *von lat. Mars*
Martin *von lat. Mars*
Meinhard *Stärke und Härte*
Miklós *Sieger (ungar. für Nikolaus)*

N **Niels** *Sieger (nord. für Nikolaus)*
Nikolaus/Nikolas *Sieg und Kriegsvolk*
Norbert *der im Norden Berühmte*

O **Ortwin** *Spitze der Waffe*
Oskar/Oscar *Gott und Speer*
Oswald *Gott und Herrschaft*

P **Parsival** *der im Kampf das Tal durchmisst*
Philibert *groß, glänzend*

R **Ralf/Ralph** *Ratgeber und Wolf*
Rainer/Reiner *Beschluss und Heer*
Randolf/Randolph *Schild und Wolf*
Roland *wagemutig und Ruhm*
Roy *kelt. der Rote*
Rudolf *Ruhm, Ehre und Wolf*
Rufus *der Rothaarige*

S **Salvator/Salvatore** *Erretter, Erlöser*
Siegfried *Sieg und Frieden*
Siegmund/Sigismund *Beschützer, Sieger*
Stefan/Steffen *gekrönter Sieger*

T **Thorwald** *Gott Thor herrscht*
Torsten *Thor und (Stein-)Waffe*
Tristan/Tristram *Waffengeklirr*

V **Victor/Viktor** *der Sieger*
Vincent/Vinzenz *der Siegende*
Volkmar *beim Kriegsvolk berühmt*

W **Waldemar/Woldemar** *berühmter Herrscher*
Walter *Heerführer*
Wenzel/Wenzeslaus *Mehrer des Ruhms*
Werner/Wernher *Beschützer des Heeres*
Wilhelm/William *Wille und Helm*
Wolfgang *anstürmender Wolf*

X **Xavier/Xaver** *von Schloss Xavier abgeleitet*

Z **Zygmunt** *poln. für Siegmund*

Stier

♉ Taurus

21. April bis 20. Mai

Es mag Furcht einflößend klingen, ein Stier zu sein, aber meistens zählt der im Stier Geborene zu den reizendsten, friedlichsten Menschen. Man kann sich nur wünschen, ihm zu begegnen. Sein ruhiges Wesen wird von der Liebe zum Genuss, zur Schönheit, zu den Künsten, zum Ländlichen, zu üppigem Leben und gutem Essen geleitet. In der Regel dürfen Sie also ein zuverlässiges, fähiges, liebevolles und rühriges Kind erwarten. Nur wenn sie gehänselt oder drangsaliert werden, stemmen sie die Hacken in den Boden, bewegungslos wie der Stier selbst. Vergessen Sie trotzdem nicht, dass er auch angreifen kann, wenn er wütend ist. Das kommt jedoch selten vor. Dann aber sollten Sie sich vorsehen: Wenn er wirklich sauer ist, kann er »toben wie ein Stier«. Derweil zeigt sich die besonnene Art der Stier-Kinder in ihrem Umgang mit Geld. Stets zuverlässig, werden sie zu großen Sparern und klugen Investoren.

Herrschender Planet

Venus, der Planet der Harmonie und Romantik, regiert den Stier. Mit Ausgewogenheit und Schönheit im Bunde bringt die fruchtbare und produktive Venus den Sinn für die schöneren Dinge im Leben mit und beeinflusst auch das Verhältnis zu Geld und Besitz. Als Friedensstifterin strebt sie nach Gleichgewicht.

Element

Der Stier ist ein festes Erdzeichen – daher seine bekannte Sturheit, wenn man ihn verärgert. Er ist ein zuverlässiger Mensch, manchmal etwas »schwerfällig«, aber auch äußerst sinnlich und von derbem Humor. Er hat eine natürliche Affinität zur Erde, der Quelle einer seiner großen Freuden: dem Essen.

Äußerliche Besonderheiten

Typisch ist ein gedrungener Körperbau. Die Jungen sind oft körperlich stark, die Mädchen sehr weiblich und gepflegt. Sie mögen edle Kleidung und ziehen sich gut an.

Gesundheit

Stier-Kinder leiden selten an stressbedingten Krankheiten. Sie neigen jedoch manchmal zu Bequemlichkeit, was zu Übergewicht führen kann. Der vom Stier regierten Kehlkopf ist ebenfalls empfindlich.

Berühmte Stiere

Yehudi Menuhin
Geiger und Dirigent, * 22. April 1916

Barbra Streisand
Schauspielerin, Sängerin, * 24. April 1942

Michelle Pfeiffer
Schauspielerin, * 29. April 1957

Sigmund Freud
Psychoanalytiker, * 6. Mai 1856

Zita von Bourbon-Parma
Österreichische Kaiserin, * 9. Mai 1892

Fred Astair
Schauspieler und Tänzer, * 10. Mai 1899

Florence Nightingale
Krankenpflegerin, * 12. Mai 1820

Udo Lindenberg
Rockmusiker, * 17. Mai 1946

Glück bringende Verbindungen

Edelsteine	Farben	Pflanzen	Metalle
Saphir	Himmelblau	Akelei	Kupfer
Karneol	Grün	Schlüsselblume	
Koralle	Türkis	Veilchen	
Beryll	Pastelltöne	Sauerampfer	

Wie erziehe ich mein Stier-Kind?

Das Stier-Kind reagiert vielleicht stärker als alle anderen Zeichen auf Freundlichkeit und Liebe, was ein wichtiger Schlüssel zum Verständnis seiner Psyche ist. Vergessen Sie alles, was Ihnen über tobende Stiere einfällt: Stier-Kinder sind fast immer genau das Gegenteil davon. Sie möchten, dass ihre Umgebung Frieden und Harmonie widerspiegelt. Mädchen und Jungen sind sehr auf ihr leibliches Wohl bedacht. Vor allem die Mädchen lieben schöne Dinge im ganzen Haus – angenehme Farben, Düfte, Klänge. Die Jungen dagegen haben einen gesunden Appetit und genießen Mahlzeiten im Kreis der Familie. Wenn sie etwas älter sind, fangen die kleinen Stiere an, sich nach draußen zu wagen und halten sich gern im Garten auf oder gehen mit der Familie spazieren. Als sehr starkes Erdzeichen hat der Stier eine natürliche Affinität zur freien Natur und genießt zugleich die Häuslichkeit. Bauernhöfe, Gärten, Tiere, sogar Sport im Freien ziehen ihn an. Seien Sie also nicht allzu überrascht, wenn ein solcher Wunsch relativ weit oben auf der Liste für Ferienideen steht.

Der Stier in der Familie

Stier-Kinder saugen die herkömmliche Behaglichkeit und Gemütlichkeit des Familienlebens auf; ihnen gefallen leise Klänge, weiche Farben und Kuscheltiere. Sie mögen friedliche und ruhige Menschen. Als gelassene Erdzeichen harmonieren sie vor allem mit der Jungfrau und dem Steinbock, obwohl sie auch mit Fischen und Krebsen recht gut auskommen. Am glücklichsten sind sie, wenn ihre Umgebung einen gewissen Wohlstand und Komfort aufweist, weil das Sicherheit bedeutet. Zieht man sie aber auf oder schikaniert sie oder fühlen sie sich ungerecht behandelt, können sie „auf stur" schalten. Sie sind dann kaum zum Nachgeben zu bewegen. Appellieren Sie an ihr herzliches, liebevolles Wesen, wenn Sie die festgefahrene Situation überwinden wollen. Freundlichkeit und eine einfache Umarmung werden Wunder wirken.

Freundschaft

Stier-Kinder schätzen Freundschaften hoch und mögen die Gesellschaft von Kindern mit ähnlichem Temperament, also vernünftige, friedliche, liebenswürdige Seelen statt lauter, aggressiver Kinder. Im Spiel sind sie manchmal ausgelassen – aber nie (oder sehr selten) boshaft oder aggressiv. Sie lieben die Schuldisco, machen gern Musik und laden andere nach Hause ein. Und wenn Sie all den hungrigen Gästen einen köstlichen Schmaus auftischen können, umso besser. Stiere werden in bemerkenswert frühem Alter modebewusst und schließen sich denen an, die sich für Pop-Musik, Mode und Tanz interessieren.

Schule

Mit ihrer beständigen, methodischen Art sind Stier-Kinder hervorragende Schüler. Wenn zudem die Verbindung zwischen Studium und dem Aufbau eines behaglichen und wohlhabenden Lebensstils im frühen Alter gelingt, kann das den Stier zu großen Leistungen antreiben. Andernfalls besteht immer die Gefahr einer gewissen Trägheit.

Hobbys und Interessen

Stier-Kinder haben eine natürliche Begabung für Farben, Gestaltung, Mode, Musik, Tanz und Schauspiel. Machen Sie ihnen Musikinstrumente, Farben und Buntstifte zugänglich; sie werden sie über alles lieben. Stiere essen auch gern, besonders Süßes, und neigen dazu, sich mit dem Essen zu trösten. Als Ausgleich mögen sie frische Luft, Gärten und alles, was wächst. Weil ihnen auch finanzielle Sicherheit etwas bedeutet, braucht jedes Stier-Kind ein Sparschwein. Wer weiß, vielleicht ziehen Sie ja ein wahres Finanzgenie groß!

Welche Namen passen zum Stier?

Farbenfroh, fröhlich und sinnlich – der Mai wird in der nördlichen Hemisphäre wegen seiner freudigen Energie und überwältigenden Schönheit gefeiert. Überdies spiegelt diese wunderbare Jahreszeit das eigentliche Stier-Wesen wider – nämlich die Liebe zu allem Natürlichen, der Nähe zur Erde und all ihren Schätzen. In dieser Hinsicht profitieren die Mädchen von den ausschließlich femininen Monatsnamen April und May.

In vielen alten Kulturen wurde der Frühling mit Bildnissen von Blumengöttinnen begangen, die ihre Namen von dem Wort »Blume« oder »Blumenmädchen« ableiteten – das ist eine Quelle für reizende Namen wie Floris oder Fiorina und subtilere Varianten wie Chloris, was »blühend, frisch« bedeutet, oder blumigen Namen wie Amaryllis oder Clivia. Chloe ist ein beliebter moderner Name, stammt aber auch aus alter Zeit und bedeutet »die Blühende«. Ferner stehen die dem Stier zugeordneten Edelsteinnamen zur Auswahl, wie Beryl oder Gemma – aber nur für Mädchen. Stier-Eigenschaften wie Kraft, männliches Selbstvertrauen und unbeirrbare Entschlossenheit jedoch kommen bei der Namengebung eines Jungen allesamt zum Tragen – von Desmond, »weltmännisch«, bis hin zu Hektor, »der Beständige«. Auch Namen mit Bezug auf seine Sparsamkeit und seinen Sinn fürs

Finanzielle bieten sich an. So lässt Spencer, »Versorger, Spender von Reichtum«, auf das zuverlässige Wesen des männlichen Stiers schließen.

Der über den Stier herrschende Planet Venus liefert uns eine Fülle weiterer Zusammenhänge und Anregungen. Venus, die Liebesgöttin in der römischen Mythologie, wird nach wie vor »Morgenstern« oder »Abendstern« genannt (je nach ihrer Lage in Bezug auf die Sonne). Außer der Sonne und dem Mond kann Venus dann der hellste Stern am Himmel sein und galt in den alten Kulturen Assyriens und Babylons als machtvolle Kraft. Es liegt zwar auf der Hand, ein Mädchen Venus zu nennen, aber noch viele andere Namen enthalten die gleiche Bedeutung, etwa Danica, Ischtar und Estelle. Venus und ihre griechische Vorgängerin Aphrodite entstiegen dem Meer und daher wurde der Ozean schon immer mit dem Stier assoziiert. Folglich kommt auch der Name Nerine, »im Meer geboren«, in Betracht.

Außer Liebe und Romantik werden Venus und der Stier mit vielen der guten Dinge im Leben assoziiert und sind aufs Engste mit den Qualitäten Harmonie, Ausgewogenheit und Schönheit verbunden. Das kann zur Liebe zu einem schönen Zuhause und gleichermaßen prächtigen Gärten führen, und in diesem Zusammenhang finden sich Namen wie Harriet, »Verwalterin des Heimes«, oder Adelaide, »von edler Herkunft«, von der sich Heidi (ursprünglich von der germanischen Adelheid) ableitet.

Aber wir stoßen auf einige der ausdrucksvollsten Namen, wenn wir an die tiefen Beziehungen des Stiers zum Element Erde denken. Die Namen der großen Erdgöttinnen der Antike wie Rhea, Tara und Gaia stellen für Mädchen weitere Möglichkeiten dar, während uns für Jungen der stets beliebte Georg, »Landmann«, und Heinrich, »Vorsteher des Heimes«, zur Verfügung stehen. Passend ist auch der eher seltene Name Glen, der »der aus dem Tal« bedeutet. Ferner bieten sich Namen an, in denen die Erdeigenschaften Stärke und Unterstützung mitschwingen, wie Peer – der Ableitung von Peter. Beide bedeuten »Fels« und beschreiben perfekt die legendäre Zuverlässigkeit und Standhaftigkeit des Stiers.

100 Namen für Stier-Mädchen

A

Adelaide/Adele/Adelheid *von edler Herkunft*
Alma die Nährende
Amalia/Amalie die Schützerin
Amata die Liebende
Amanda die Liebenswerte
Amaryllis Blumenname
Anaïs die Makellose
April Monat (teilweise Stier)
Arabella die Schöne
Astrid schöne Göttin
Ava/Aveline siehe Evelin

B

Bella die Schöne
Beryl Edelstein (von Venus)

C

Cara die Liebe gibt
Clivia Blume
Chloe die Blühende, grüner Spross
Chloris blühend, frisch, grün
Clorinde die Junge
Cora Kf. von Cordula oder Cornelia
Cordula/Cordelia Beiname der Athene
Corinna die Jungfräuliche
Cornelia röm. Geschlechtername, Horn
Corona die Bekrönte

D

Dagmar die Friedliebende
Damaris von griech. Gattin, Geliebte
Danica slaw. Morgenstern
Daisy/Daisie Gänseblümchen
Daria/Darja Besitzerin des Guten
Deborah die Bienen gleicht
Desiree die Begehrte

E

Edith Erbgut und Besitz
Edna Genuss, Wonne
Elke Nf. zu Adelheid
Esther Stern
Estelle/Estrella Morgenstern (Venus)
Eveline/Evelyn die Kraft

F

Fatima Tochter Mohammeds
Felizitas die Glückliche
Fiorina die Blume
Fioretta das Blümchen
Fleur die Blumige
Flora Blumengöttin
Florentine die Blüte
Floris wie eine Blume

G

Gaia Erdgöttin
Gemma Juwel
Georgia/Georgina Bäuerin

zuverlässig schöpferisch **geduldig**

H **Habiba** *arab. die Liebevolle*
Harriet/Hatty engl. Henriette; Hausherrin
Heidi Kf. von Adelheid
Henrietta Verwalterin des Heimes
Hera Himmelskönigin
Hestia *griech. Göttin des Herdes*
Hilaria/Hilary die Heitere

I **Imelda** Nf. zu Irmhild
Inga/Inge/Ingeborg Zuflucht der Götter
Ingrid die schöne Göttin
Inka/Inken Kf. zu Namen mit Ing-
Irene/Irina Friedensbotin
Iris die leuchtend Schöne
Irmgard der allumfassende Schutz
Irmhild der allumfassende Kampf
Ischtar/Ishtar akk. Name von Venus
Isis ägypt. Göttin

K **Konstanze/Constanze** die Beständige

L **Lea/Lee** arab. Wildkuh
Leslie Frau von der Wiese
Ljubow russ. die Liebende
Lydia Frau aus Lydien

M **Mabel** die Geliebte
Mae/Maj/May Monat (teilweise Stier)
Maja Göttin des Wachstums
Mirabella die Wunderschöne
Miriam/Mirjam ungezähmt, ersehntes Kind

N **Nerine** im Meer geboren
Nofretete die Schöne ist gekommen

O **Oda/Odette** Wohlstand
Olivia Frieden

P **Petra** felsenfest, verlässlich
Phyllis/Phillis belaubt
Philine die Liebreizende
Philomena die Liebkosende
Placida die Sanfte

R **Rebecca/Rebekka** Friedensstifterin, Schönheit
Rea/Rhea Erdgöttin
Ruth die Schöne, die Freundin

S **Serena** die Heitere, Glückliche
Sharon die Üppige
Sulamith die Braut
Susanne die Lilie

T **Tara** Hügel, Erdgöttin

U **Ute** hd. Oda

V **Vanessa** Schmetterling
Venus Planet des Stiers
Vesta lat. Hestia; Göttin des Herdes
Viola/Violetta Veilchen
Vita Leben
Vivian röm. Geschlechtername

Y **Yusra** arab. Glück, Erfolg, Reichtum

Z **Zita** das Mädchen

100 Namen für Stier-Jungen

A
Abraham Vater der Menge
Achmed der Lobenswerte
Adalbert von edler Herkunft
Adam Mann, rote Erde
Alexander der Männer Abwehrende
Amadeus der Gott liebt
Amandus der Liebenswerte
Amatus/Aimé der Liebende
Alan/Allan/Allen/Alain der Felsenfeste
Anatol/Anatoli Sonnenaufgang, Morgenröte
Arkadius/Arkadi Mann aus Arkadien

B
Balduin/Baldwin kühner Freund
Baldur germ. Gott der Fruchtbarkeit
Basilius der Königliche
Basko russ. der Schöne
Bela ungar. Adalbert
Benedikt der Gesegnete
Benito ital. Kf. von Benedikt
Bogumil/Bohumil slaw. Gottlieb

C
Casper/Kasper/Kaspar der Schatzmeister
Cornelius röm. Geschlechtername, Horn

D
Darius Besitzer des Guten
David der Geliebte
Desmond weltmännisch

E
Ebbo Kf. zu Namen mit Eber-
Eberhard/Eberhardt starker Eber
Edmund siehe Eduard
Eduard/Edward Beschützer des Eigentums
Emil der Eifrige
Erasmus der Liebenswerte, der Holde
Erdmann dt. Adam
Eugen aus gutem Geschlecht

F
Fabian der Bohnenzüchter
Ferdinand kühner Beschützer
Fidel treu
Florian Blumenpracht
Friedrich/Fritz Friedensfürst

G
Gaudenz der Fröhliche
Georg/George der Landmann
Gleb russ. Gottlieb
Glen/Glenn der aus dem Tal
Gordon hoher Hügel, große Burg
Göran nord. Georg
Gorm nord. Gott und Ehre
Gottfried der Frieden Gottes
Gottlieb siehe Amadeus

H
Hamid Lobender, Preisender
Hartmann harter Mensch
Hektor der Beständige, der festhält
Heinrich/Henry Vorsteher des Heimes

zuverlässig schöpferisch **geduldig**

zuverlässig schöpferisch geduldig

Hubert Gedanke und Glanz
Hugo der Denker
Humphrey Beschützer des Heimes

I **Ibrahim** arab. Abraham

J **Jaromir** Kühnheit und Frieden
Jasper Schatzmeister
Jefferson Sohn des Friedens
Jenö ungar. Eugen
Jonathan Gott hat gegeben
Jürgen niederdt. Georg
Juri russ. Georg

K **Kálmán** ungar. für Koloman
Kamal arab. Vollkommenheit
Koloman kelt. der Einsiedler
Konstantin der Treue, Beständige

L **Lancelot/Lanzelot** Landbewohner
Leslie/Lesley Mann von der Wiese
Linos/Lino röm. Vorname
Lukas Mann aus Lukanien

M **Malcolm** Anbeter des Täubchens
Manfred Mann des Friedens
Meinhard Stärke und Härte

N **Nathan** Kf. von Jonathan
Nero stark, streng

O **Odo** der Besitzende
Omar arab. Georg
Ortensio der Gärtner
Owald von Göttern beschützter Herrscher

P **Patrick** der Patrizer, der Vornehme
Peer/Peers siehe Peter
Peter/Pierre/Pieter der Fels, der Verlässliche

S **Salomon** Friede, Weisheit
Sascha siehe Alexander
Sergej vom röm. Geschlechternamen Sergius
Silvanus Gott des Waldes
Silvio/Silvius Mann aus dem Wald
Spencer Versorger, Verteiler

T **Timon** Ehre, Ansehen
Timotheus/Timothy Ehre Gottes
Titus Ruhm, Verdienst, Ansehen

U **Udo** Nf. von Odo

V **Veit** siehe Vitus
Vitus/Vito Leben

W **Waldemar** berühmter Herrscher
Warren Park, Verwalter
Wassili russ. Basilius
Winston Farm eines Freundes, Stein
Wladimir russ. Waldemar

Y **Yasir** leicht, sanft, milde

Z **Zoltán** ungar. Sultan, Herrscher

Zwillinge

♊ Gemini

21. Mai bis 20. Juni

Aufgeweckt, geistreich, dynamisch, schwer fassbar – das ist nur ein Bruchteil der Begriffe, welche die vielseitige Zwillinge-Persönlichkeit beschreiben. Zwillinge sind immer in Bewegung, geistig rege und sehr wissbegierig. Es gibt immer etwas zu sagen, zu untersuchen, zu fragen – Eltern müssen also viele Antworten parat und ausreichende Energie haben, um mit ihnen Schritt halten zu können. Sprechen, Schreiben, das Lösen von Puzzles und Rätseln fällt ihnen leicht. Sie sind berühmt dafür, mehr als eine Sache auf einmal tun zu können. Sie scheinen auch oft an mehreren Orten zugleich zu sein! Geselligkeit, Redseligkeit und Selbstdarstellung können von weniger angenehmen Zügen begleitet werden: etwa die Neigung zu übertreiben, gleichgültig gegenüber den Gefühlen anderer und in gewisser Weise gerissen zu sein, wenn es darum geht, den eigenen Willen durchzusetzen.

Herrschender Planet

Die Zwillinge werden von Merkur regiert. Merkur ist auch der alchimistische Ausdruck für Quecksilber. Beim Zwillinge-Geborenen zeigen sich diese Eigenschaften als Vielseitigkeit und Anpassungsfähigkeit. Merkur wird außerdem mit Medizin und Kommunikation in Verbindung gebracht.

Element

Das Element der Zwillinge ist die Luft. Die Zwillinge werden den angleichenden Zeichen zugeordnet. Die Luft ist das Medium der Kommunikation; unsere Stimmbänder benutzen Luft und auch die Radiowellen gehen – sinnbildlich gesprochen – „über den Äther".

Äußerliche Besonderheiten

Zwillinge neigen entweder zu hohem Wuchs oder dazu, von gedrungener und quicklebendiger Figur zu sein – quecksilbrig, mit Händen und Armen gestikulierend.

Gesundheit

Ansprechorgane des Zwillinge-Geborenen sind die Arme und Hände sowie Sprechwerkzeuge und Stimmbänder. Er kann anfällig sein für stressbedingte Krankheiten, daneben sind die Atmungsorgane ein schwacher Teil. Gesundheitsthemen sind wichtig für ihn.

Berühmte Zwillinge

Bob Dylan
Sänger und Dichter, * 24. Mai 1941

Isadora Duncan
Tänzerin, * 27. Mai 1878

Kylie Minogue
Sängerin, * 28. Mai 1968

J. F. Kennedy
US-Präsident, * 29. Mai 1917

Thomas Mann
Schriftsteller, * 6. Juni 1875

Theo Lingen
Schauspieler, * 10. Juni 1903

Rudolf Kempe
Dirigent, * 14. Juni 1910

Paul McCartney
Rockmusiker, * 18. Juni 1942

Glück bringende Verbindungen

Edelsteine	Farben	Pflanzen	Metalle
Beryll Kristall Topas	Weiß Gelb Muster	Iris Holunder Haselnuss Myrte	Quecksilber (Merkur)

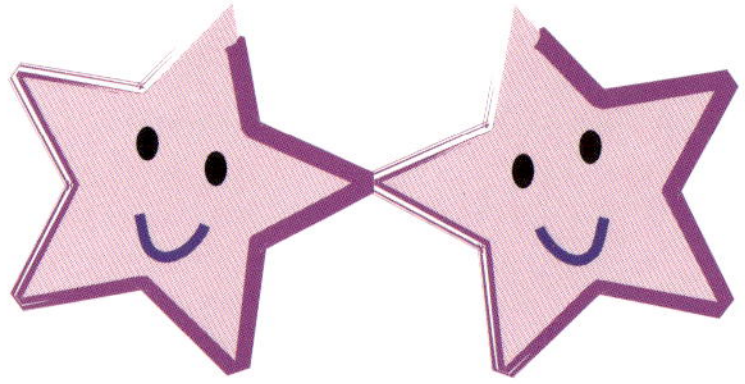

Wie erziehe ich mein Zwillinge-Kind?

Auch wenn Sie nur ein Zwillinge-Kind haben, werden Sie wahrscheinlich das Gefühl haben, als hätten Sie es meistens zumindest mit zweien zu tun. Diese quecksilbrigen kleinen Wesen sind hier, dort und überall, wollen alles erkunden und sind voller Neugier und Fragen. Sie sollten ihnen unbedingt die Freiheit und reichlich Gelegenheit geben, Anregungen aufzunehmen und Lernerfahrungen zu sammeln, denn sie haben einen weiten Horizont und überdenken Ideen und Beobachtungen rasch. Sie interessieren sich schon in sehr frühem Alter für Kommunikations- und Transportmittel, für alle möglichen Geschichten und sogar ein wenig für Lokaljournalismus. Tatsächlich nehmen sie alles wahr, was sie befähigt, sich von einem Ort zum anderen zu bewegen, und was ihre Beobachtungsgabe fordert. Sie sind die großen Imitatoren und besitzen eine überwältigende Kommunikationsfähigkeit. Sie brauchen nie längere Erklärungen abzugeben. Mit ihrer blitzschnellen Intelligenz wissen Zwillinge-Kinder wahrscheinlich schon, was Sie sagen wollen, bevor Sie es ganz ausgesprochen haben!

Zwillinge in der Familie

Für Zwillinge ist das Heim die Basis für Erkundigungen und kein Ort, an dem man herumgammelt. Sie sind auch nicht unbedingt die ordentlichsten Kinder. Spielzeug nehmen sie auseinander, um seine Funktionsweise herauszufinden, wobei sie Spuren der verschiedensten Teilchen im ganzen Haus hinterlassen. Das Zimmer eines typischen Zwillinge-Kindes ähnelt ein wenig der Arche Noah, das heißt, es hat alles doppelt. Ein Zwillinge-Junge besitzt zwei Hamster oder zwei Computer und ein Mädchen zwei Exemplare seiner Lieblingspuppe – und auch zwei Computer, was das angeht. Zwillinge kommen mit Geschwistern gewöhnlich gut zurecht – je mehr, desto besser. Von allen Zeichen verstehen sie sich mit den anderen Luftzeichen Waage und Wassermann am besten, aber auch mit Widdern und Löwen ganz gut.

Freundschaft

Zwillinge mögen Menschen, die ihnen helfen, geselligen Umgang zu pflegen. Sie werden jede Gelegenheit begrüßen, Ausflüge zu unternehmen. Wenn Sie Anregung und Interaktion nicht in der realen Außenwelt finden, werden sie woanders danach suchen: in Computer, Cyberspace und Internet. Mit Ihrer Hilfe können sie einen gesunden Mittelweg zu finden.

Schule

Da Zwillinge schnell lernen, fangen sie schon früh zu lesen an und vermögen Ideen sprachlich hervorragend auszudrücken. Sie sind gute Imitatoren, scharfsinnig in jeder Auseinandersetzung. Das angleichende Wesen des Zeichens bedeutet, dass sie eher Anhänger sind als Anführer, aber das hindert sie nicht daran, alles zu analysieren und eigene Schlüsse zu ziehen. Themen, die das Gehirn herausfordern, können dem Sport vorgezogen werden. Von Zeit zu Zeit mag daher eine stichhaltige, rationale Erklärung über die Vorteile der Fitness notwendig sein.

Hobbys und Interessen

Zwillinge haben zahlreiche Hobbys, oft mehrere gleichzeitig, und keines davon wird intensiver verfolgt, bis eines Tages diese einzige, alles verzehrende Leidenschaft die Oberhand gewinnt. Das wird dann eine tief gehende Angelegenheit (die ganze fünf Minuten anhält) – und schon gehen sie wieder weg! Rechnen Sie mit Veränderungen, verschiedenen Richtungen, unterschiedlichen Themen, die in diesem überaktiven Zwillinge-Gehirn gewälzt werden. Darum sind Computer eine vom Himmel geschickte Erfindung für Zwillinge. Sie sind handwerklich geschickt und können eine Vorliebe für die Heilkünste entwickeln.

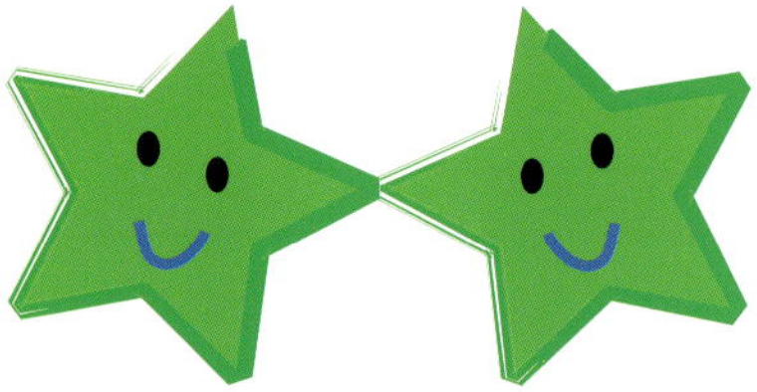

Welche Namen passen zu den Zwillingen?

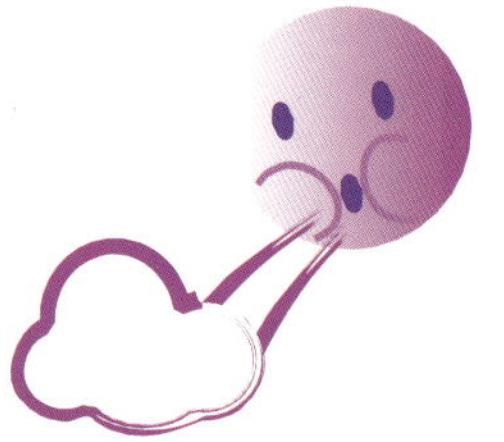

Wegen seines herrschenden Planeten Merkur, des geflügelten Götterboten, wird der Zwilling oft mit Kommunikation, Botschaften und Boten assoziiert. Engel und andere geflügelte Geister sind weit verbreitete Vorstellungen in alten Kulturen wie auch in moderneren Religionen und stoßen sogar auf Resonanz in unserer heutigen Welt in Gestalt von Außerirdischen, den schwer fassbaren Insassen von UFOs. Namen wie Angela für ein Mädchen und Michael, der Erzengel, für Jungen könnten ein guter Ausgangspunkt Ihrer Suche nach einem passenden Namen sein. Jedoch stehen noch viele weniger bekannte (und weniger engelhafte) zur Auswahl. Dazu zählen Amos, »Götterbote«, und Iris, der Name der Göttin, die die Botschaften der Götter überbrachte. Da sie so oft zwischen dem Olymp und der Erde hin und her reisen musste, machte sie von der Regenbogenbrücke Gebrauch, die Himmel und Erde miteinander verband. Diese Vorstellung spiegelt die vielfarbigen Vorlieben des Zwillings wider.

Zu den Boten werden auch Vögel gerechnet, besonders die Taube, die ebenfalls ein Friedenssymbol ist. Viele Namen in alten Kulturen beziehen sich auf Tauben, und hier muss sich der Zwilling mehrere Namen mit seinem Nachbarn Stier teilen, denn dieser liebt den Frieden sehr. So stehen Colin und Paloma, beide mit der Bedeutung »Täubchen«, zur Auswahl. In der klassischen Kunst dagegen wird Merkur gewöhnlich mit geflügelten Sandalen oder geflügeltem Helm dargestellt, und er ist genauso ein Luftwesen, sodass viele andere Vogelnamen – wie zum Beispiel Falko – hervorragend zur Zwillinge-Persönlichkeit passen.

Der große Botaniker Nicholas Culpeper aus dem 16. Jahrhundert ordnete die Pflanzen Haselnuss (engl.: Hazel) und Myrte (engl.: Myrtle) dem Zwilling zu, die natürlich beide Mädchennamen sind. Die geschickte, schnellfüßige Zwillingsnatur findet sich in den Sagengestalten wieder, die wir Elfen oder Geistwesen nennen, und es ist verwunderlich, dass sich so viele Namen auf das »kleine Volk« beziehen: Elva, »die Fee«, Eldora, »Geschenk der Weisheit«, sind nur zwei von vielen anderen in den folgenden Listen.

Auch Namen, die auf Freiheit und Unabhängigkeit hindeuten, müssen hier erwähnt werden, denn der Zwilling ist der Freidenker schlechthin. Daher bieten sich die Namen Karl und Karla bzw. Frank und Franka, die alle »freier Mensch« oder einfach »frei« bedeuten, geradezu an.

Um auf das Element Luft zurückzukommen, den Winden wurden seit frühester Zeit magische Eigenschaften zugesprochen, da sie all die wundersamen Wandlungen der Jahreszeiten mit sich bringen. Das Element Luft, das der Zwilling verkörpert, lässt an Ariel, den klassischen Luftgeist, denken oder an Abel »der Hauch« und an Arnold, der in den Lüften »wie ein Adler herrscht«.

In der Mythologie wurde Merkur wegen seines berühmten Stabs, des mit Schlangen umwundenen Caduceus, schon immer stark mit der Medizin verknüpft, sodass auch Namen mit Bezug auf die Heilkünste zur Auswahl stehen. Ferner muss alles, was sich auf »Licht« bezieht, besonders die Erleuchtung des Intellekts, in Namenslisten für dieses Zeichen vorkommen. Das gilt ebenso für das Wort »weiß« und alles, was an Helligkeit oder helle Wellen anknüpft – wie Guenevere, »die Weiße«, aus dem sich die Namen Jennifer oder Jenny ableiten. Jungen dagegen können den schmeichelhaften Valentin annehmen, »stark und gesund«, oder den ausgefalleneren Timon, »der Angesehene«.

100 Namen für Zwillinge-Mädchen

A **Abelina** *der Hauch*
Aja *die Erzieherin*
Alba *die Weiße*
Alea *Kf. von Eulalia*
Allegra *die Lebhafte, Muntere*
Althea *die Heilende*
Anna *Gottes Gnade*
Angela/Angelina/Angelika *die Engelhafte*
Aniela *Engel*
Anja *siehe Anna*
Apollonia *zu griech. Gott Apollon*

B **Beate** *die Glückliche*
Beatrix/Beatrice *die Glück Bringende*
Berenike *die Siegbringende*
Beryl *Edelstein, Kristall*
Bianca/Bianka *die Weiße*
Bionda *ital. die Blonde*
Blanche/Blanka *die Weiße*
Blandine *die Freundliche*

C **Candida/Candy** *die Weiße, Reine*
Carola *freier Mensch*
Celestina/Celestine *die Himmlische*
Charis *griech. die Anmut*
Charleen/Charlene *siehe Carola*
Clara/Claire/Klara *glänzend , klar*
Claribel/Clarissa *siehe Clara*
Clarette *die kleine Glänzende*
Chloe *der junge Baum*
Concetta *die Unbefleckte*
Consuela *die Trösterin*

D **Damaris** *Gattin, Ehefrau*
Donella *kleine Dame*
Dorothea/Dorothee *das Gottesgeschenk*
Dora/Doreen *Kf. von Theodora*

E **Ebru** *die Augenbraue*
Eldora *Gabe der Weisheit*
Ellien *hell*
Elva *die Fee*
Emanuelle *Gott mit uns*
Eulalia *mit feiner Sprache*

F **Farah** *Freude, Lustbarkeit*
Faustina *die Glück Bringende*
Faye *Fee*
Franka *die Freie*
Franziska *Französin*
Frauke *die Frohe, heitere Frau*

G **Gabriele/Gabriella/Gaby** *nach dem Erzengel Gabriel*
Gela *Kf. von Angela*
Gilda *Geld und Lohn*
Gisela *die Bürgin*
Golda *die Glänzende*
Gracia/Grace *die Anmutige*

vielseitig *spontan* **neugierig**

Guenevere/Ginevra weiße Wange, die Schönwangige
Gwenda die Göttliche
Gwendolin/Gwendolyn weißer Kreis

H **Hazel** Nussbaum, Haselnuss
Heidrun Wesensart und Geheimnis
Helga die Geweihte
Hermione von Hermes; die Sprechende
Hilaria/Hilary die Heitere
Hildrun Kampf und Geheimnis

I **Iduna** ewige Jugend
Irene die den Frieden bringt
Iris die leuchtend Schöne
Ismena/Ismene die Gelehrte

J **Jennifer/Jenny** siehe Guenevere
June/Junia Monat (teilweise Zwilling)
Juventia Göttin der Jugend

K **Karla** freier Mensch
Karoline siehe Karla

L **Loni** Kf. von Apollonia
Lucia/Lucy zu Lukas, Licht

M **Manuela** Gott mit uns
Marella von schnellem Geist
Michaela Erzengel

N **Nurija** arab. die Lichtvolle

P **Paloma** Täubchen
Philomela Freundin des Gesangs
Polly Kf. von Apollonia
Polyxena/Polyxenia die sehr Gastfreundliche

R **Rabea** Frühling
Raphaela Gottes Gnade, Erzengel

S **Saida** arab. die Glückliche
Sally siehe Sara
Salome Glück, Wohlergehen
Samira die Unterhalterin
Sara/Sarah Prinzessin
Serena die Heitere
Sharleen siehe Carola
Sibylle die Seherin
Swetlana die Helle, Strahlende

T **Tabitha** die Gazelle
Tahira arab. die Reine
Tamara russ./hebr. Dattelpalme

V **Valentina/Valentine** stark, gesund
Veronika siehe Berenike
Vivian/Vivienne lebhaft , lebenslustig

W **Winnie/Winnifred** weiß, gesegnet, heilig

X **Xena/Xenia** Nf. zu Polyxena

Y **Yasemin** duftende Blume

100 Namen für Zwillinge-Jungen

A **Aaron** der Erleuchtete
Abel der Hauch
Albert/Abrecht edel und glänzend
Alfred Ratgeber und Naturgeister
Alwin/Alwyn der edle Freund
Amos Lastträger, Bote Gottes
Arbogast Erbe und Fremder
Ariel Luftgeist
Arnold der wie ein Adler herrscht

B **Baschir** arab. Freudenbote
Bertram Glanz und Rabe
Bodo/Botho Gebieter, Bote

C **Charles** engl. Karl
Christoph/Christopher Christusträger, Schutzpatron der Reisenden
Clark Gelehrter, Pastor
Colin Täubchen, junger Häuptling

D **Donatus** von Gott geschenkt

E **Emil/Emile** röm. Geschlechtername, der Eifrige, Nacheiferer
Engelbert glänzender Bote
Enoch Lehrer
Erasmus der Freundliche
Esra/Ezra Gott ist Hilfe
Evangelos der gute Bote

F **Falk/Falko** der Falke
Faust/Faustus/Fausto der Glück Bringende
Felix der Glückliche
Fjodor russ. Theodor
Frank frei
Franklin der freie Mann
Franz/Franziskus Franzose

G **Gabriel** Kämpfer für den Herrn
Gaetano siehe Kajetan
Gaston der Fremde
Giordano siehe Jordano
Glen/Glenn kelt. der Mann aus dem Tal
Gordon kelt. der Mann vom großen Hügel
Goswin Freund des Boten
Gottfried Gottes Frieden
Graham der Mann aus dem großen Haus
Gregor der Wachsame
Guido der aus dem Wald
Gustav Kampf und Stab (Rune)

H **Hagen** der Beschützer
Hakim arab. der Weise
Harald/Harold der Heerführer
Harper der Harfenspieler
Hartmut fest im Geist
Hastings flink
Hermes griech. Gott des Handels

vielseitig spontan **neugierig**

Hubert der Verständige
Hugh siehe Hugo
Hugo der Gedankenvolle

I **Isidor** Geschenk der Isis
Ismael Gott erhört
Isaak Gott ist heiter

J **Jason** sagenhafter Seefahrer
Jeremias den Gott belohnt
Joachim Gott möge ihn aufrichten
Jona/Jonas Taube
Jordano Mann vom Jordan
Jubal Schall, der Lautenspieler
Junius im Juni geboren (teilweise Zwilling)

K **Kajetan** der Mann aus Caïeta
Kamal arab. Vollkommenheit
Karl freier Mann
Keith der Mann aus dem Wald
Kenneth angenehmer Zeitgenosse
Konrad kühner Ratgeber

M **Malachias/Maleachi** Gottes Bote
Malchus Ratgeber
Marin/Marinus der Mann vom Meer
Merlin der Zwergfalke
Michael Erzengel
Mick/Micky/Mike siehe Michael
Moritz/Maurice der Maure

N **Nathan/Nathaniel** Gott hat gegeben, Gottes Bote
Nestor der immer Zurückkehrende

O **Oliver** der Friedensbringer

P **Philipp** der Pferdefreund

R **Raban** ahd. Rabe
Ralf /Ralph kluger Ratgeber
Raphael Gottes Gesundheit, Erzengel
Rochus der Rufer
Rudolf der durch Klugheit Berühmte

S **Samson** siehe Simson
Samuel der von Gott Erhörte
Sebastian der Verehrungswürdige
Serenus der Heitere
Simson glänzend wie die Sonne
Sönke das Söhnchen
Stig nord. Wanderer

T **Thomas/Tom** Zwilling, Zweifler
Theodor Gottesgeschenk
Tibór ungar. der Mann vom Tiber
Timon der Angesehene

U **Ugo** siehe Hugo
Uriel der von Gott Erleuchtete

V **Valentin** stark, gesund

Z **Zacharias** auf den Gott schaut
Zeno griech. Gottesgeschenk
Zyriakus edler Bote

Krebs

♋ **Cancer**

21. Juni bis 22. Juli

Emotional, empfindlich, immer wechselhaft – Krebse, besonders Kinder, können gleichzeitig lachen und weinen. In einem Moment haben sie vielleicht einen tränenreichen Wutanfall und im nächsten eine Kicherattacke! Auf ihrer Suche nach emotionaler Sicherheit lernen Krebse ihr Zuhause lieben. Sie lieben ihre Familien, ihre Gemeinde und oft auch ihr Land. Weil diese Dinge so kostbar für sie sind, kapseln sie sich gern in ihrem Schutz bietenden Panzer ab, denn nur sie wissen, wie verletzend die große, grausame Welt sein kann. Später kann dieses Schutzbedürfnis so weit gehen, dass sie Finanz- und Geschäftsimperien errichten und große Macht erlangen. Die vom Mond regierten Krebse haben oft eine starke Affinität zum Meer – auch wenn sie möglicherweise nur seine aufgewühlte Oberfläche betrachten wollen ... was sie vielleicht an ihre eigenen Emotionen erinnert?

Herrschender Planet

Der Krebs wird vom Mond regiert – Luna: die Königin der Nacht und das große weibliche Naturprinzip. Unter seinem Einfluss stehende Menschen spiegeln die Stimmungen ihrer Umgebung genau wider, nehmen die Gefühle anderer auf und reagieren schnell und intuitiv.

Element

Der Krebs ist ein bewegendes Wasserzeichen und besitzt ein hohes Maß an emotionaler Stärke und Ausdauer. Als Führer gehen sie mit leuchtendem Beispiel voran und appellieren an die Gefühle anderer.

Äußerliche Besonderheiten

Krebse haben oft ein rundes, mondartiges Gesicht mit verträumten, wässrigen Augen voller Emotion. Die Jungen können eine Stirn haben, die an einen Panzer erinnert, und ihre Bewegungen können langsam und bedächtig sein.

Gesundheit

Der Krebs reagiert, vielleicht wegen seiner leichten Erregbarkeit, besonders empfindlich mit dem Magen. Verdauungsstörungen und Magenverstimmungen können zum Problem werden. Auch psychosomatische Krankheiten infolge von emotionaler Belastung sind keine Seltenheit.

Berühmte Krebse

George Orwell
Schriftsteller, * 25. Juni 1903

Antoine de Saint Exupery
Pilot, Schriftsteller, * 29. Juni 1900

Anne Sophie Mutter
Violinistin, * 29. Juni 1963

Diana, Prinzessin von Wales
* 1. Juli 1961

Tom Cruise
Schauspieler, * 3. Juli 1962

Ulla Kock am Brink
Entertainerin, * 10. Juli 1961

Yul Brynner
Schauspieler, * 11. Juli 1915

Edgar Degas
Maler, * 19. Juli 1834

Glück bringende Verbindungen

Edelsteine	Farben	Pflanzen	Metalle
Perle Koralle	Hellblau Grün Meeresfarben	Weiße Rose Lilie Weinraute	Silber

Wie erziehe ich mein Krebs-Kind?

Haben Sie jemals eines Nachts zum Mond emporgeblickt und ein paar Nächte später wieder? Er verändert sich. Wenn ein Familienmitglied von Ihnen Krebs ist und daher vom Mond regiert wird, werden Sie die Ähnlichkeit sofort bemerkt haben. Das ansteckende Lachen und die erschütternden Tränen dieser kleinen Krebse, während sie aus ihrem harten Panzer herauskommen oder sich darin wieder zurückziehen, werden Sie immer wieder in Staunen versetzen. Wegen ihrer sehr intensiv empfundenen Stimmungen können Krebse ohne ersichtlichen Grund auch ziemlich reizbar und mürrisch wirken. Vielleicht war es etwas, das Sie vor einer Ewigkeit gesagt haben, denn sie haben ein sehr gutes Gedächtnis und vergessen selten eine Beleidigung. Die Krebs-Schale umfasst – sinnbildlich gesprochen – natürlich ihr Heim. Sie lieben Komfort und Geborgenheit – und sie lieben ihre Mütter über alles. Wie viel Zeit auch verstreichen oder wie weit weg der Krebs auch reisen mag, in Krisenzeiten wird es ihn immer zur Familie, zur häuslichen Küche und zu einer herzlichen Umarmung hinziehen.

Krebse in der Familie

Der Krebs ist der häusliche Mensch schlechthin. In seinem Zimmer kann er, in seine Fantasiewelt versunken, stundenlang glücklich spielen oder sich am warmen Ofen zusammenkuscheln und fernsehen. Liebevoll, verträumt, sehnsüchtig danach, geliebt zu werden, ist er am glücklichsten, wenn alle Familienmitglieder zusammenkommen, um ihre Gefühle und Wünsche auszutauschen. Krebse kommen mit den anderen Wasserzeichen Skorpion und Fische am besten zurecht, aber gut auch mit Jungfrau und Stier.

Freundschaft

Immer offen für Freundschaften, schätzen Krebse Loyalität und Freundlichkeit über alles, und wenn sie einen wahren Freund finden, halten sie ihn fürs ganze Leben. Aber sie lassen auch schnell jemanden fallen, der grausam oder gleichgültig ist. Obwohl sie manchmal recht gern allein sind, brauchen Krebs-Kinder letzten Endes die emotionale Anregung durch den Umgang mit anderen. Dabei geht es oft ziemlich heftig zu; und diese Heftigkeit lässt mit Beginn des Teenageralters sicherlich nicht nach. Es ist immer gut, daran zu denken, denn der Krebs kann unvermittelt zum Gegenangriff übergehen, wenn man ihn unter Druck setzt oder verärgert!

Schule

Auf Grund ihres guten Gedächtnisses können Krebs-Kinder im Geschichtsunterricht mit allen möglichen Daten leicht umgehen. Wenn das Thema sie interessiert, können sie glänzen, aber ihnen kann ebenso etwas leicht verleidet sein, wenn die Lehrer nicht nett sind. Wenn es Probleme in einem bestimmten Fach oder mit der Schule im Allgemeinen zu geben scheint, finden Sie heraus, ob es am Lehrer liegt oder Schikanen eine Rolle spielen. Trotz ihrer Weiblichkeit können die Mädchen genauso körperlich stark und aktiv im Sport sein wie die Jungen und sind ausgezeichnete Gruppenleiterinnen.

Hobbys und Interessen

Beunruhigen Sie sich nicht, wenn sich die Mädchen schon sehr früh mit der traditionellen weiblichen Rolle identifizieren – und mit Puppenhäusern oder „Mutter und Kind" spielen. Später können sie sich durchaus den Jungen anschließen, in deren Domänen eindringen, um endlich weiter hinaus zu gehen und ihr eigenes kleines Imperium zu errichten. Dennoch bleibt das große lunare, weibliche Prinzip allgegenwärtig. Auch die Jungen schätzen ihren eigenen Raum – die »Höhle«, den Geräteschuppen oder den Hobbyraum.

Welche Namen passen zum Krebs?

Um den Krebs verstehen und einen Namen für ihn wählen zu können, müssen wir die überragende Bedeutung des Mondes erkennen. Wir haben es hier mit einem der wichtigsten Symbole der alten Mythologie zu tun, das mit der Sonne als eine Art göttliche Schwester-Bruder-Verbindung, eine negative/positive Yin-Yang-Polarität in fast allen Kulturen auftaucht. Der Mond mit seinem monatlichen Zyklus wurde schon immer als die große weibliche Daseinsform der natürlichen Welt verehrt. Daher stehen die Namen der griechisch-römischen Mythologie – Diana, Selena und Luna – sowie die Namen von Nixen und Meernymphen wie Naida, Sabrina oder Melusine zur Auswahl.

Krebs und Mond beherrschen auch das Heim und beziehen sich eng auf den gesamten Bereich Mutterschaft, Familie, Gemeinde sowie das Zusammengehörigkeitsgefühl und den damit verbundenen Schutz. Darum ist das Zeichen Krebs für Jungen genauso wichtig, da es oft diejenigen erkennen lässt, die Beliebtheit oder traurige Berühmtheit in der öffentlichen Arena erlangen. Krebs-Männer werden oft sehr bewundert. Diese Beliebtheit ist auch bezeichnend für jedes Horoskop mit einem günstig aspektierten Mond. Namen wie Lambert, »Ruhm seines Landes«, oder Reinhold, »gut beratener Führer«, sind daher passend.

Dem Mond wird die Lilie als seine Blume und die Perle als sein Edelstein zugeordnet, sodass sich außer den nahe liegenden Namen Lilian und Pearl auch Margarethe, »Perle«, als Möglichkeit anbietet, von der sich zahlreiche Namen wie Margit, Margret und Peggy herleiten. Tatsächlich liefern uns der Mond und seine Assoziationen mit der Nacht einige der poetischsten und schönsten Mädchennamen, etwa Lunetta, »kleiner Mond«, oder Leila, »die Nacht«.

Aber es geht nicht nur um Lilien und Mondschein. Die Kehrseite der sanften, verträumten Mondgöttin ist die Furcht erregende mythologische Gestalt der Diana. Diana war eine wilde Jägerin und überzeugte Jungfrau, die gegen jeden, der ihre Privatsphäre verletzte, rigorose Schritte unternahm. Bei der Betrachtung der Krebs-Symbolik stoßen wir also auf zahlreiche Assoziationen mit der Jagd, angefangen vom Wald und seinen Tieren, Bär und Hirsch, bis hin zu Jagdhunden, Pfeil und Bogen (der sichelförmige Bogen ist ein zusätzliches Mondsymbol). In den folgenden Namenslisten finden Sie also Jungennamen, die mit den Bedeutungen »Wald« und »Jagd« verbunden sind: Silvan, »Wald«, Silvester, »Bewohner des Waldes«, Witold, »der im Wald herrscht«, und Ivor, »Bogenträger«. Für die Mädchen bieten sich Diana, Cynthia und Delia an – die sich alle von der jungfräulichen Jägerin der klassischen Mythologie ableiten.

Der Norden und die undurchdringlichen Wälder in vielen europäischen Ländern wurden schon immer mit dem Element Wasser assoziiert. Darum sind in der Jungenliste auch Namen aufgeführt, die auf einen Stammesführer hindeuten, wie Norman, »göttlicher Mann aus dem Norden«, und Norbert, »glänzender Mann aus dem Norden«. Ebenso stellten die meisten seefahrenden Kulturen schon früh eine Verbindung zwischen Mond, Gezeiten und Handel her und in der astrologischen Tradition wurden Kaufleute und Händler stets unter die Herrschaft des Mondes gestellt, sodass Namen wie Marinus, »der am Meer Lebende«, und Mortimer, »der Meereskundige« – auch in der übertragenen Bedeutung für »Seefahrer« und »Händler« – eine Überlegung wert sind.

100 Namen für Krebs-Mädchen

A **Agnes** die Keusche
Agnetha schwed. Agnes
Alice/Alicia von edler Art
Alima Seemädchen
Alison/Allie Kf. v. Alice
Alva/Alvina Elfe, Naturgeist
Anke/Anka niederl. und fries. Anna
Annika schwed. Kf. v. Anna
Anna/Anne/Anni die Begnadete, Holde
Annelie oberdt. Kf. v. Anna
Annette franz. Kf. v. Anna
Antje niederdt. Kf. v. Anna
Antoinette/Antonia/Antonie aus einem römischen Adelsgeschlecht
Anuscha/Anuschka russ. Kf. v. Anna

B **Bernadette** kämpferisch wie ein Bär
Bernessa von Bär
Berta/Bertha die Glänzende
Bionda die Blonde
Birla kleiner Bär
Brooke die vom Bach

C **Chandra** Göttin, heller als Sterne
Coralie Koralle
Cynthia vom Berge Cynthos

D **Davida/Davina/Davinia** die Geliebte
Delia/Della aus Delos, der Heimat der Artemis
Diana/Diane röm. Göttin der Jagd und des Mondes
Donna Dame
Dorisa die vom Meer
Dunja die Geachtete, Hochgeschätzte

E **Eldora** Gabe der Weisheit
Elfriede/Elfrieda/Elfi Elfen und Stärke
Elin/Eline Engel oder Nymphe
Emma die Ganze, das Universum
Etta reiches, mächtiges Haus

F **Finja** Finnin oder weiß, hell, blond
Fiona hell, blond

G **Greta/Grete** Kf. von Margarethe
Grit Kf. von Margarethe
Gwendolin/Gwendolyn weißer Kreis
Gwyneth weiß, schön

H **Harriet/Hattie** engl. Henriette
Henrike/Henrika niederdt. Henriette
Henriette/Henrietta reiches, mächtiges Haus
Hertha/Herta Fruchtbarkeitsgöttin

I **Ida** weise Frau, Seherin
Ina Kf. v. Katharina
Ines span. Agnes

gefühlvoll intuitiv **beschützend**

J **Jennifer/Jenny** Frau aus dem Volke
June/Junia Monat (teilweise Krebs)

K **Kamaria** die dem Mond Gleiche
Katharina die Reine
Käthe/Kati Kf. und Kosef. v. Katharina
Karin/Karen nord. Kf. v. Katharina
Katalin ungar. Kf. v. Katharina
Katinka russ. Kf. v. Katharina
Katja russ. Kf. v. Katharina
Kathleen engl.-ir. Kf. v. Katharina
Katrin niederl. Kf. v. Katharina

L **Leila/Leyla** die Nacht
Levana Mond oder weiß
Lilian/Lillian/Liliana/Liliane die Lilie
Lilith die Nächtliche
Lilybelle schöne Lilie
Luna Mond; röm. Mondgöttin
Lunetta kleiner Mond

M **Mabel** die Liebenswerte
Madge/Maggie engl. Kf. v. Margarethe
Margarethe/Margaretha/Margret die Perle
Margot franz. Kf. v. Margarethe
Marina Meerjungfrau
Martha/Marthe Herrin
Melisande Gestalt einer Seejungfrau in einer franz. Sage
Melusine/Melusina Name einer sagenhaften Wasserfee
Meret Kf. v. Margarethe
Meta Kf. v. Margarethe
Meryl/Muriel die glänzende See
Mona die Edle
Morgan am/im Meer geboren

N **Naida** Wassernymphe, Nixe
Nina Kf. v. Katharina

P **Peggy** engl. Kf. v. Margarethe
Pearl/Perlita Perle
Phoebe/Phöbe Göttin des Mondes

R **Regina/Regine** Königin
Rita Kf. v. Margarethe
Rose/Rosa Rose
Rosina ital. Kosef. v. Rose

S **Sabrina** Name einer Flussnymphe
Selena/Selina Mondlicht/Göttin des Mondes
Silvia/Sylvia aus dem Wald
Sirena singende Meerjungfrau
Sira ital. Kf. v. Sirena
Sonia/Sonja russ. Kosef. v. Sophie
Sophie/Sophia die Weisheit
Susan/Susanne/Susannah Lilie
Suzette Lilie

U **Undine** die Nixe
Ulla Kf. v. Ursula
Ursula die kleine Bärin

W **Wendy** Kf. v. Gwendolin

100 Namen für Krebs-Jungen

A **Achmed** der Lobenswerte
Alvar Elf, Naturgeist
Amadeus der Gott liebt
Amandus der Liebenswerte
Anton/Anthony/Antoine Name eines röm. Adelsgeschlecht
Arthur/Artur Bär

B **Balduin** kühner Freund
Balthasar Gott schütze des Königs Leben
Bernhard/Bernard kühner Bär
Bernd Kf. v. Bernhard
Bevis Bogen
Björn Bär

D **David** der Geliebte
Derek/Derrik/Derrick engl. Kf. v. Dietrich
Dietrich Herrscher über das Volk
Dirk niederdt. Kf. v. Dietrich
Dmitri der Göttin Demeter (Göttin der Ernte) geweiht
Dominik dem Herrn gehörig
Douglas der vom dunklen Fluss

E **Edgar** Eigentum und Speer
Eduard/Edward Beschützer des Eigentums
Edward engl. Eduard
Erasmus der Liebenswerte, der Holde
Eugen von hoher Geburt

F **Fjodor** russ. Theodor

G **Graham** der aus dem grauen Land
Guido Holz, Wald

H **Hannes/Hans** Kf. v. Johannes
Harding hart, stark, kühn od. Sohn des Tapferen
Harry engl. Kf. v. Heinrich
Heiko niederdt. Heinrich
Heiner/Heino Kf. v. Heinrich
Heinrich/Hinrich reiches, mächtiges Haus
Heinz Kf. v. Heinrich
Hennig/Henning fries. Heinrich
Henrik niederdt. Heinrich
Henry engl. Heinrich
Holger aus Insel und Speer
Holm Insel
Horst Gehölz, Gebüsch, Wald
Humphrey junger Bär, Friede

I **Ivan/Iwan** russ. Johannes
Ivor der Bogen, Bogenträger

J **Jan** Kf. v. Johannes
Jannik dän. Kosef. v. Jan
János/Janosch ungar. Johannes
Jens fries. und dän. Kf. v. Johannes
Johannes Gott ist gnädig
Jonathan/Johann Gott hat gegeben
Jordan abwärts fließend, Mann vom Jordan

gefühlvoll intuitiv **beschützend**

Josef/Joseph Gott möge vermehren
Joschka Kosef. v. Josef
Josua/Joshua Gott ist die Rettung
Jussuf arab.-türk. Josef

K **Keith** der Mann aus dem Wald
Kelvin der vom nahen Fluss

L **Lambert** der Ruhm seines Landes

M **Magnus** der Große
Marinus der am Meer Lebende
Matthew Geschenk Gottes
Matthias Geschenk Gottes
Merlin Zwergfalke
Marvin berühmter Freund
Morgan am/im Meer geboren
Mortimer Meereskundiger
Moses der aus dem Wasser Geborgene

N **Nathan/Nathanael** Gott gibt
Nestor der, der sich erinnert
Norbert glänzender Mann aus dem Norden
Norman Mann aus dem Norden

O **Orlando** siehe Roland
Oskar/Oscar nordische Gottheit und Speer
Owen von hoher Geburt

R **Raimund/Reimund** Rat, Ratschluss, Schutz
Ramon span. Raimund
Reginald alte Reinhold
Reinhold/Reinold gut beratener Führer
Rodger/Roger berühmter Speer
Rodney Orts- und Familienname
Roland Ruhm des Landes
Ronan wie eine kleine Robbe
Rüdiger Ruhm, Ehre und Speer

S **Sam/Samuel** von Gott erhört
Sebastian der Verehrungswürdige
Silas der Erbetene, Begehrte
Silvan/Silvanus Wald
Silvester/Sylvester Bewohner des Waldes
Silvio der aus dem Wald

T **Ted** engl. Kf. v. Theodor
Thaddäus Lobpreis
Theo/Theodor Gottesgeschenk
This Kf. v. Matthias
Thoralf aus Thor (Gottheit) und alf (Elf, Naturgeist)
Thorben aus Thor (Gottheit) und Bär
Tim/Timotheus/Timothy Gott ehrend oder fürchtend
Tobias Gott ist gütig
Toni/Tony Kf. v. Anton

U **Urs** Bär

W **Witold** der im Wald herrscht

Z **Zacharias** Gott erinnert sich

Löwe

♌ Leo

23. Juli bis 22. August

Die Löwen sind die Extrovertierten des Tierkreises. Sie sind nicht nur sehr gut aussehend, sondern auch überaus aufregend und interessant. Natürlich sind sie das – fragen Sie sie doch einfach! Auch wenn sie es mit der charismatischen Führerrolle nicht ganz hinkriegen, denken sie zumindest gern, dass sie es eines Tages könnten, wenn sie müssten. Löwen blühen auf, wenn man ihnen begeistert Beachtung schenkt. Solange das genau dann geschieht, wann es ihnen passt (gewöhnlich wenn sie ihre modischste Kleidung angezogen oder ihr ganzes Make-up aufgelegt haben), lieben sie es einfach, im Mittelpunkt des Interesses zu stehen. Schicke Autos, Schmuck, schöne Möbel sind wichtig, weil sie – und das ist der Schlüssel – stolze, würdevolle Menschen sind, die sich gern mit Schönheit umgeben. Vor allem lieben sie Stil.

Herrschender Planet

Löwen werden von der schöpferischen Kraft der Sonne regiert und sie strahlen die ihnen eigene Wärme und Energie aus. Die Sonne ist fruchtbar, belebend und strahlend – und jeder Löwe, wie ungewöhnlich bescheiden er auch sein mag, strebt nach diesen Eigenschaften.

Element

Der Löwe ist ein mächtiges Feuer-Zeichen – die Quelle kreativer Fähigkeiten, mit denen man seine Umgebung schwungvoll verändern kann. Die feste Natur des Zeichens verleiht jedoch auch einen gewissen Starrsinn.

Äußerliche Eigenschaften

Löwen haben eine aufrechte Haltung mit langer, biegsamer Wirbelsäule – wie eine Großkatze. Auch die »Mähne« ist gewöhnlich nicht zu übersehen. Auf ihr Haar sind sie ziemlich stolz. Ebenso haben die Jungen oft »Schnurrhaare«, die ihr ganzer Stolz sind.

Gesundheit

Löwen sind zwar robust, aber dennoch anfällig für plötzliche Fieberanfälle. Sie sind leicht erregbar und neigen zu Herzflattern. Dieses Zeichen regiert das Herz. Wenn das Feuer in ihnen erlischt, können sie lethargisch und etwas übergewichtig werden.

Berühmte Löwen

George Bernard Shaw
Dramatiker, * 26. Juli 1856

Hans Moser
Schauspieler, * 1 August 1880

Rosi Mittermaier
Skiläuferin, * 5. August 1950

Otto Rehagel
Fußballtrainer, * 8. August 1938

Fidel Castro
kubanischer Präsident, * 13. August 1926

Alfred Hitchcock
Filmregisseur, * 13. August 1899

Napoleon Bonaparte
französischer Kaiser, * 15. August 1796

Robert Redford
Schauspieler und Regisseur, * 18. August 1937

Glück bringende Verbindungen

Edelsteine	Farben	Pflanzen	Metalle
Bernstein Topas Rubin	Orange Gelb Gold	Sonnenblume Lorbeer Ringelblume Pfingstrose	Gold

Wie erziehe ich mein Löwe-Kind?

Das typische Löwe-Kind ist von froher, freundlicher Wesensart. Stolz und manchmal ziemlich eitel, stehen Löwen jedes Alters gewöhnlich gern im Mittelpunkt des Interesses und können daher leicht in die Rolle des »wichtigsten Mannes« oder der »Bienenkönigin«, umgeben von Günstlingen und Bewunderern, geraten – oder sie lassen sich bedienen und werden infolgedessen recht faul. Versessen auf Designer-Labels, möchten sie gern als etwas Besonderes gelten. Oft geben sie ihr ganzes Taschengeld für Luxusartikel aus. Romantik ist ebenfalls ein wichtiges Thema in ihrem Leben und schon im frühen Alter können ihre Gefühle aufgewühlt sein, während sie Beziehungen oft überraschend schnell eingehen und wieder beenden. Die Mädchen können eine wilde, lebhafte Phase durchmachen, während die Jungen zuweilen eine untypische Introvertiertheit an den Tag legen, wenn sie ihre Wunden lecken. Es gibt nichts Traurigeres als den Anblick eines Löwen, dessen Stolz verletzt wurde. Umgekehrt ist nichts erfreulicher und inspirierender als ein Löwe in Bestform.

Löwen in der Familie

Löwen fühlen sich am wohlsten, wenn sie für die Situation die Verantwortung tragen. So können sie ihre Großartigkeit beweisen, sollte einmal ein Notfall auftreten – was gewöhnlich auch geschieht, wenn man sie loslässt. Sie werden häufig Gäste bewirten müssen; überdies erwarten Löwen von ihren Gästen gutes Benehmen sowie Loyalität und Ehrlichkeit. Dummheit können sie nicht ertragen. Gewöhnlich kommen sie am besten mit den anderen Feuerzeichen Widder und Schütze zurecht, aber auch ganz gut mit Zwillingen und Waagen.

Freundschaft

Mit ihrem guten Aussehen (sagen Sie ihnen das bloß niemals) und ihrer Frohnatur ziehen Löwen auf natürliche Weise Menschen an. Sie mögen es, wenn ihre Spielgefährten kontaktfreudig sind, aber auch angemessen respektvoll, und lassen schnell jeden fallen, der ihnen nicht die gebührende Anerkennung zollt. Sie können auch gekränkt sein, wenn man sich über sie lustig macht oder jemand nicht loyal ist. Vergessen Sie aber nicht, dass Sie eine der notorisch stillen »Miezekatzen« haben können, die mutigen Löwen, die wirklich gern im Mittelpunkt stehen würden, aber dafür einfach noch zu schüchtern sind.

Schule

Löwen genießen das Rampenlicht der Schule und sind sehr empfänglich für Herausforderungen und ein Gleichgewicht von Zuneigung, Respekt und Disziplin – mit viel Lob für ihre Leistungen. Auf Grund des Einflusses, den diese stolzen und furchtlosen Persönlichkeiten auf andere ausüben können, sind sie in verantwortungsvollen Stellungen äußerst erfolgreich. Ihre Fähigkeit, Zusammenhänge schnell und intuitiv zu erkennen und Aufgaben zu delegieren, macht sie zu hervorragenden Gruppenführern. Aber weil sie andere so leicht zu beeinflussen vermögen, können sie ihre Gruppe manchmal auch in Schwierigkeiten bringen. Sie glänzen oft in kreativen Fächern wie zum Beispiel Kunst.

Hobbys und Interessen

Löwen mögen alle möglichen Betätigungen, auch Sport und Spiele. Wenn sie mit einem gewissen Maß an Stil verbunden sind, umso besser! Aktivitäten wie Tennis, Tanzen, Autofahren, Laufen, Autorennsport, Theater, Partys und zum Essen ausgehen ziehen sie an. Sie können außerdem höchst kreativ sein. Musik, Farben und Romantik, kurz: alles, was einen gewissen Glanz verleiht – das sind die Dinge, die dem Löwen zuvörderst am Herzen liegen, wie jung oder alt er auch sein mag.

Welche Namen passen zum Löwen?

Löwen sind ganz besondere Menschen, erinnern Sie sich? Das dürfen Sie bei der Namensuche auf keinen Fall vergessen. Namen, welche die Wärme, Pracht und Herrlichkeit der Sonne widerspiegeln, bieten sich geradezu an, und auf Grund ihrer Ansprüche auf ein vornehmes Leben sind alle gebräuchlichen Königs- und Königinnennamen ebenfalls überaus passend.

In der Geschichte wählten erfolgreiche Krieger, Adelsfamilien und hoch stehende Clans Namen, die »mutiger Führer« oder »großer Mann« bedeuteten oder andeuteten, dass man irgendwie die Gunst der Götter erlangt hatte. Sie waren die »Gesalbten«, die auserwählten Mittler zwischen der übernatürlichen und irdischen Welt. So bedeutet beispielsweise der Name Aaron nicht weniger als »der – von Gott – Erleuchtete«! Vielleicht stand auch oft nur der Wunsch dahinter, die Götter zu preisen. Der Name des höchsten alttestamentlichen Gottes, Jehovah, ist zu uns vorgedrungen in Namen wie Josef oder Joseph, »Gott vermehrt«, von dem sich die angelsächsische Kurzform Joe ableitet, sowie Jonathan, »Gott hat gegeben«, und Joel, »Jahwe ist Gott«.

Die Sonne, Herrscherin des Löwen, mit ihrer ganzen Fülle von Lebenskraft, wurde ausnahmslos mit dem Königtum assoziiert, aber auch mit dem Oberhaupt jeglicher Gattungen. Da der Löwe der König der Tiere ist, enthalten unsere Listen zahlreiche von seinen Ableitungen, darunter Leon, Leonard oder Leonid, sowie die weiblichen Formen wie Leonora, Leona und Leonie. Auch andere Namen, die sich auf das Oberhaupt einer Art beziehen, sind geeignet: Von der Rose, der Königin der Blumen, wird in der Heraldik, der Wappenkunde, ausgiebig Gebrauch gemacht und sie wird um Schlösser und Paläste herum in der ganzen Welt angepflanzt. Rose ist also eine hervorragende Namenwahl für einen Löwen wie auch ihre vielen Ableitungen, beispielsweise Rosamunde, Rosabel und Roseanne.

Schließlich kommen die Namen der vom Löwen bevorzugten Farben und Edelsteine in Betracht – für die Mädchen wären also Amber, Gilda und Ruby möglich und für die Jungen Namen wie Gildo und Zlatko. Vor allem sollten Sie Ihrem kleinen Löwen einen Namen geben, auf den er stolz sein kann und der weder zu unbekannt noch zu gebräuchlich ist. Königs- oder Königinnennamen bilden jedoch eine Ausnahme von der Regel: Sie sind zwar oft ziemlich gewöhnlich, haben aber dieses gewisse Etwas an sich, durch das sie sich vor anderen auszeichnen. Ein hervorragendes Beispiel dafür ist der allgegenwärtige Johannes (und seine weiblichen Ableitungen Johanna, Joan und Joanna), »Gott ist gnädig«. Ein solcher Name sollte genügen, um die höchsten Bestrebungen der Löwen zu befriedigen, denn höher können Sie kaum noch gehen!

100 Namen für Löwe-Mädchen

A
Adele Kf. v. Adelheid
Adelheid von edler Art
Adelina/Adeline Nf. zu Adelheid
Aglaia/Aglaja Glanz, Pracht, Herrlichkeit
Aileen engl. Helene
Alanna die Schöne
Albertina/Albertine edel und glänzend
Alida ostfries. und ungar. Kf. v. Adelheid
Alina/Aline slaw. Helene
Amber engl. Bernstein
Amira die Prinzessin
Astrid schöne Göttin
Atara Krone
Athalia stark, erhaben ist Gott
Auguste/Augusta/Augustine die Erhabene
Aurelia/Aurelie die Goldene, Schöne

B
Bertha/Berthe glänzend, berühmt
Bogdana Gottesgeschenk
Branka Ruhm, Ehre

C
Canda das Licht
Candace/Candice glänzend
Claire franz. Klara
Clarissa/Clarisse Erw. v. Klara
Cordelia/Cordula Herzchen

D
Daniela/Danielle/Dana/Dania Gott ist mein Richter
Daphne Lorbeerbaum, geliebt von Apollo (Sonne)
Denise von Dionysos, Gott des Weines
Dorkas Gazelle
Dorle/Dorthe/Dörthe Kf. v. Dorothea
Dorothea/Dorothee Geschenk Gottes

E
Eileen engl. Helene
Elke fries. Adelheid
Ella/Elly Kf. v. Helene
Elaine altfr. und engl. Helene
Eleonore/Eleonore Gott ist mein Licht
Eliana/Eliane Gott hat mir geantwortet
Ellen Kf. v. Helene
Ethel/Etel edel
Eugenie/Eugenia von vornehmer Geburt

F
Frauke Herrin

G
Gilda Geld, Gold, Lohn
Gloria Ruhm, Ehre

H
Hanna/Hannah die Anmutige, die Begnadete
Heidi Kf. v. Adelheid
Helene/Helena/Helen die Strahlende

Strahlend aktiv **selbstbewusst**

I **Ilka** Kf. v. Ilonka
Ilona/Ilonka ungar. Helene
Inga/Inge/Ingrid die schöne Göttin

J **Jana** slaw. Johanna
Janine/Janina poln. und russ. Johanna
Jane/Janet engl. Johanna
Jeanette franz. Johanna
Johanna/Joanna/Joanne Gott ist gnädig

K **Klara/Clara** die Leuchtende

L **Lara** Nf. v. Laura
Larissa slaw. Laura
Laura die mit Lorbeer Geschmückte
Lea die Ermüdete, Wildkuh
Lena Kf. v. Helena
Lenka slaw. Helena
Leocadia/Leokadia die Leuchtende
Leona/Leonie die Löwin
Leonida die Löwenstarke
Leonora/Leonore Kf. v. Eleonore
Leontina/Leontine die Löwenhafte
Lucia/Lucie/Lucy die Leuchtende
Lucinda/Lucille franz. Lucia

M **Michaela/Michelle** Wer ist wie Gott?

N **Nellie/Nelly** Kf. v. Helene

O **Oda** Besitz, Erbgut

R **Regina/Regine** die Königin
Regula kleine Königin
Rhoda/Rhode siehe Rose
Rike/Rika Kf. v. Ulrike
Rixa die Herrscherin, Mächtige, Reiche
Roberta glänzender Ruhm
Robina engl. Roberta
Rosa/Rose Rose
Rosabel/Rosabella schöne Rose
Rosalie/Rosetta/Rosina kleine Rose
Rosalind/Rosalinde mächtig und berühmt
Rosamunde Ruhm und Schutz
Rosanne Zus. aus Rose und Anna
Roswitha die weithin Berühmte
Roxana/Roxane die Glänzende, Morgenröte
Ruby Rubin (Stein des Löwen)

S **Sally** engl. Kf. v. Sara
Sara/Sarah Fürstin, Herrin
Seraphina/Seraphine die Feurige
Shirley die von der hellen Lichtung
Stephanie/Stefanie/Steffie die Gekrönte

T **Tabea** Kf. v. Tabitha
Tabitha Gazelle
Talesia bask. Adelheid
Tatjana von Tatianus: Name eines Sabinerkönigs
Thea Kf. v. Dorothea

U **Uda/Ute/Uta** Nf. Oda
Ulrike/Ulrika Besitz, Erbgut und reich, mächtig

Z **Zara/Zarah** siehe Sara
Zlatka/Zlata die Goldene

100 Namen für Löwe-Jungen

A **Aaron** der Erleuchtete
Adalbert edel und glänzend
Aidan der kleine Feurige
Albert/Adelbert edel und glänzend
Albrecht siehe Albert
André franz. Andreas
Andreas/Andi/Andy mannhaft, tapfer
Andrei/Andrej slaw. Andreas
Ansgar Gott und Speer
Arthur/Artur der Vornehme
August der Erhabene
Austin/Austen engl. August

B **Basil/Basilius** der Königliche
Béla ungar. Königsname
Bert Kf. v. Berthold
Berthold/Bertold der glänzende Herrscher
Bertram glänzender Rabe
Bogdan Gottesgeschenk
Boris Kampfesruhm

C **Crispian/Crispin** kraushaarig
Cornelius röm. Geschlechtername

D **Daniel** Gott ist mein Richter
Darius der Mächtige, der Bezwinger
Denis/Dennis von Dionysos, Gott des Weines

E **Egbert/Egberd** glänzende Speerspitze
Elmar edel, berühmt
Elroy der König
Erich/Erik der beständig Herrschende
Eugen/Eugene von vornehmer Geburt

G **Gabriel** Mann Gottes, Erzengel
Gene engl. Eugen
Gilbert franz. Gisbert
Gildo Geld, Gold, Lohn
Gisbert glänzender Spross

H **Hakan** türk. Bez. für einen Herrscher
Hakim Herrscher
Hannes/Hans Kf. v. Johannes
Harun arab. Aaron
Heinrich/Hinrich reiches, mächtiges Haus
Heinz Kf. v. Heinrich
Herbert glänzendes Heer
Hubert glänzender Verstand

I **Ian** schott. Johannes
Ignatius/Ignaz der Feurige
Ivan/Iwan russ. Johannes

J **Jack** engl. Kf. v. Johannes
Jan Kf. v. Johannes
Jannik dän. Kosef. v. Jan
János, Janosch ungar. Johannes

Jeremias den Gott erhöht
Jeremy engl. Jeremias
Jesse Mann Gottes
Joel Jahwe ist Gott
Johannes/Johann Gott ist gnädig
John/Johnny/Jonny engl. Johannes
Jonathan Gott hat gegeben, Gottesgeschenk
Josef/Joseph Gott vermehrt

K **Kai** Kampf, Streit

L **Lars** skand. Kf. v. Laurentius
Laurentius der Lorbeerbaum
Larry/Laurence/Lawrence engl. Laurentius
Laurenz Nf. v. Laurentius
Lennard/Lennart/Linnart schwed. und niederdt. Leonhard
Lenny/Lionel engl. Kf. v. Leonhard
Leo Löwe
Leon Kf. v. Leonhard
Leonhard/Leonard kräftig wie ein Löwe
Leonardo ital. und span. Leohard
Leonid Löwe
Leopold kühn für das Volk
Leroy König
Lukas/Lucas der aus Lukanien Stammende
Lucius/Lucian der bei Tagesanbruch Geborene

M **Magnus** der Große
Marvin berühmter Freund
Massimo ital. Maximus (der Größte)
Matthias Geschenk Gottes
Matthew engl. Matthias
Max/Maxim/Maximilian der Größte
Melchior König des Lichts

O **Otfried** Reichtum und Schutz, Frieden
Otmar Reichtum und Ruhm
Otto Kf. zu Namen mit Ot-

R **Rex** König
Robert glänzender Ruhm
Robin engl. Robert
Roderick/Roderich ruhmreich

S **Sam/Samson/Simson** glänzend wie die Sonne
Sean ir. Johannes
Sebastian der Verehrungswürdige
Stefan/Stephan Krone, Kranz
Steffen Nf. v. Stefan
Steve/Steven engl. Kf. v. Stefan

T **Theo/Theodor** Gottesgeschenk
Tobias/Toby Gott ist gütig

V **Victor/Viktor** der Sieger
Vinzenz der Sieger
Vincent franz. Vinzenz

Z **Zacharias** Gott denkt an mich
Zlatko der Goldene
Zoltán ungar. Sultan, Herrscher

Jungfrau

♍ Virgo

23. August bis 22. September

Typisch für Jungfrauen ist, dass sie immer wissen, was für sie am besten ist! So halten Sie vielleicht die von Ihnen zubereitete Mahlzeit für überaus nahrhaft, aber Ihre kleine Jungfrau wird Ihnen widersprechen. Sie ist ziemlich eigen, aber mit der Zeit wird sich dieser Zug zu Urteilsfähigkeit, Mäßigung und Wirklichkeitssinn entwickeln. Ordentlich, sorgfältig und mit einem überaus reichlichen Vorrat an gesundem Menschenverstand gesegnet, vermögen sie sich hervorragend auf Details zu konzentrieren und Projekte zu Ende zu bringen. Und man kann sich auf sie verlassen. Sie wollen nicht unbedingt im Mittelpunkt des Interesses stehen, sind aber aufrichtig, freundlich, loyal und gewissenhaft in ihrem gewählten Beruf. Sie interessieren sich für Gesundheitsfragen sowie für alles, was mit Kunst und Sammeln zusammenhängt.

Herrschender Planet

Die Jungfrau wird von Merkur, dem geflügelten Götterboten, regiert. Merkur, gewöhnlich impulsiv und geschäftig, wird in Verbindung mit der Jungfrau beständiger. Diese Kombination ist maßvoll mit einem Hang zu Fleiß, Sparsamkeit und Zuverlässigkeit.

Element

Jungfrauen werden dem Element Erde zugeordnet. Beständig, bedächtig und vor allem vernünftig, sind Erdzeichen wegen ihrer ruhigen, bescheidenen Kraft und Integrität beliebt. Auf Grund der angleichenden Qualität dieses Zeichens sind sie sehr anpassungsfähig.

Äußerliche Besonderheiten

Sauber, ordentlich und genau, sind Jungfrauen von Natur oft zurückhaltend mit leicht gebeugtem Kopf. Sie haben etwas Liebenswürdiges, Klassisches an sich, wenn auch gelegentlich einen etwas unbeholfenen Gang.

Gesundheit

Die übergenaue Jungfrau-Persönlichkeit kann es mit der Sauberkeit so weit treiben, dass sie noch anfälliger für gerade die Virus- und bakteriellen Infektionen wird, die sie so eifrig zu vermeiden sucht. Der Verdauungstrakt ist oft gefährdet.

Berühmte Jungfrauen

Sean Connery
Schauspieler, * 25. August 1930

Mutter Teresa von Kalkutta
Ordensschwester,* 27. August 1910

Michael Jackson
Sänger, * 29. August 1958

Helge Schneider
Kabarettist, * 30. August 1955

Clemens Brentano
Dichter, * 8. September 1778

Hugh Grant
Schauspieler, * 9. September 1960

Ina Seidel
Schriftstellerin, * 15. September 1885

Emil Zatopek
Langstreckenkläufer, * 19. September 1922

Glück bringende Verbindungen

Edelsteine	Farben	Pflanzen	Metalle
Achat Beryll	Grau Braun Weiß Mischfarben	Iris Holunder Haselnuss Myrte	Quecksilber (Merkur)

Wie erziehe ich mein Jungfrau-Kind?

Mit den ungewöhnlich folgsamen Jungfrau-Kindern kommt man in der Regel gut zurecht. In Hinblick auf die meisten Dinge haben sie ihre eigene Tagesordnung und ihre bestimmten Vorlieben. Weil sie es wirklich gern »richtig« und sich nicht lächerlich machen wollen, hören sie zu und lernen, was man ihnen vernünftig erklärt. Ordnungssinn ist den meisten Jungfrauen – auch Kindern! – zur zweiten Natur geworden, sodass sie nicht nur ihr Zimmer aufgeräumt halten, sondern Sie vielleicht auch dafür ausschimpfen, wenn Sie ohne Erlaubnis etwas verändert haben. Alles hat seinen Platz und wird in diesem berühmten ordentlichen Jungfrau-Gehirn abgelegt und katalogisiert. Sie scheuen sich davor, Dinge außer der Reihe zu tun – und vor allem, was die Aufmerksamkeit auf sie lenken oder sie verlegen machen könnte. Sie müssen das passende Kleingeld für den Bus haben, saubere Schuhe – und sorgen Sie bitte dafür, dass die Bügelwäsche rechtzeitig fertig ist, aber ohne Bügelfalten!

Jungfrauen in der Familie

Jungfrau-Kinder wissen die Privatsphäre zu schätzen – vielleicht einen ruhigen Raum oder ein Arbeitszimmer, um ihre Gedanken in Ordnung halten und das Leben verstehen zu können. Sie sollten auf keinen Fall vergessen, dass sie Dinge außer der Reihe nicht mögen, einschließlich böse Überraschungen. Überdies können sie wirklich unglaublich erwachsen sein und genießen die Möglichkeit, im Einzelgespräch in aller Ruhe über jegliche Probleme zu reden. In der Familie gefällt ihnen die Gesellschaft der anderen Erdzeichen Stier und Steinbock am besten, aber sie kommen ebenfalls gut mit Krebs und Skorpion aus.

Freundschaft

Jungfrau-Kinder sind gewiss keine Angeber. Bescheiden und zurückhaltend, gefällt ihnen die Gesellschaft weniger enger Freunde statt vieler Bekannter, sodass Partys nicht ganz oben auf ihrer Prioritätenliste stehen. Sie lassen sich von keinerlei Unsinn beeindrucken und bevorzugen Menschen, die sich in ihrem Beisein vernünftig benehmen. Viele Kinder lernen in Krisenzeiten die guten Ratschläge von Jungfrauen schätzen.

Schule

Die anstrengende Welt der Schule und Universität stellt für kleine Jungfrauen im Allgemeinen kein Problem dar. Sofern sie wegen Schikanen oder störender Klassenkameraden nicht unglücklich sind, arbeiten sie ruhig und effektiv auf ihr Ziel hin, seien es Prüfungen oder Hausaufgaben. Und sollte man ihnen jemals vorwerfen, der Liebling des Lehrers zu sein, dann liegt das nur daran, dass sie mit Erwachsenen gut reden können und umgekehrt. Im Sport sind sie im Team am besten aufgehoben; nur selten wollen sie die Führung übernehmen.

Hobbys und Interessen

Das Wort »Hobby« wurde wohl für Jungfrauen erfunden. Sie sind die geborenen Sammler und können sich stundenlang, wenn nicht tagelang, in ihr aktuelles Hobby vertiefen oder ihren Interessen nachgehen. Seien es Briefmarken, Spielzeug oder Fußball-Fanartikel, sie tun alles Erdenkliche, um das letzte Stück zu bekommen! Computer sind ideale Gefährten für sie, und mit ihrem besonderen Merkur-Intellekt kommen sie nicht nur hervorragend mit ihnen zurecht, sondern können sie wahrscheinlich genauso gut programmieren und reparieren. Die kleinen Jungfrau-Genies sind sehr nützlich, und jedes Heim braucht eines!

Welche Namen passen zur Jungfrau?

Bei der Namensuche für ein Jungfrau-Kind, besonders für Mädchen, haben wir die Qual der Wahl und in der folgenden Liste finden Sie viele der großartigen weiblichen Vornamen wie Maria, Elisabeth und Katharina. Im Gegensatz zu vielen anderen sind sie nicht die weiblichen Formen zu männlichen Namen – wie Karla zu Karl oder Johanna zu Johannes – sondern selbstständige Mädchennamen. Es ist daher vielleicht kein Zufall, dass einige ihrer Trägerinnen große historische Ikonen weiblicher Macht und Autorität geworden sind: Katharina die Große, die Jungfrau Maria und Königin Elisabeth I. von England.

Tatsächlich ist Elisabeth in seiner Bedeutung »Eid Gottes« oder »Gott ist mein Eid« typisch für viele alte Namen. Die Bedeutung dieser Wendungen ist nicht ganz klar, aber sie geben uns zu verstehen: Wenn wir das wunderbare Geschenk eines neuen Lebens erhalten, müssen wir noch unseren Teil des Handels einhalten, indem wir im Dienst Gottes das Kind verantwortungsbewusst, mit Freundlichkeit und Liebe großziehen.

Es mag heutzutage langweilig erscheinen, unter dem Zeichen der Jungfrau geboren zu werden, aber nichts wäre weiter entfernt von der Wahrheit. Die Jungfrau umfasst die wesentlichen heidnischen Einflüsse der mächtigen Erdgöttinnen – einschließlich Demeter, der griechischen Erntegöttin. Ihr Mythos, der mit dem ihrer Tochter Kore eng verflochten ist, begründet eine der tiefsten und poetischsten Geschichten unserer Kultur. Diese Geschichte erzählt uns, dass Leben und Erneuerung nur von einem gewissen Maß an Opfer herrühren können. Darum findet man auf vielen der früheren Jungfrau-Darstellungen eine Frau mit einer Kornähre in der Hand.

Aber auch für Jungfrau-Jungen gibt es eine hervorragende Auswahl, die sich auf den Fleiß und die Intelligenz, die oft durch dieses Zeichen dargestellt werden, bezieht. So bringen viele Quellen die Jungfrau mit dem griechischen Gott Hephaistos, dem lahmen Schmied und Handwerker der Götter, und dem mächtigen nordischen Gott Thor in Verbindung. Diese Namen würden viele von uns wohl nicht wählen, aber wir haben Claude oder Claudio – trotz seiner Bedeutung »lahm« nach wie vor beliebt – und Torsten, »Thors Stein«. Der Stein in diesem Fall meint vermutlich den Amboss oder einen Blitzstrahl, die beide auf die Vorstellung von dem für den Dienst der Menschheit gezähmten Feuer hinweisen. Die christliche Tradition kennt Christoph, »Träger Christi«, als er den Fluss durchquerte, demnach ein Name, der auf Dienst und Geduld hindeutet.

Die Idee von »Dienst« als lobenswerte Tat scheint für unsere Ohren zuweilen seltsam zu klingen. Dennoch wird der Begriff auch heute noch recht häufig verwendet, etwa wenn Politiker erklären, dass sie »dem Volk dienen«. Die Jungfrau wurde schon immer mit den Ideen von wahrer Bescheidenheit und Dienst in Verbindung gebracht, und folglich finden wir Namen, die sich auf die Heilkunde, wie Jason, »der Heilkundige«, oder auf Dienstleistungsberufe beziehen wie Gregor, »der Wachsame«, oder Stuart, »der Hausbewahrer«.

Ebenso sind die traditionellen biblischen Namen der Diener des Wortes Gottes, beispielsweise Lukas oder Matthäus, überaus passend, der erste ist auch der Name des Patrons der Ärzte. Selbst in seiner eher düsteren Manifestation verleiht Merkur Interesse für die Heilkünste und hier findet man die Jungfrau oft, mit Hingabe und Bescheidenheit, zum Wohl anderer ruhig arbeitend.

100 Namen für Jungfrau-Mädchen

A **Agatha/Agathe** die Gute
Agnes die Keusche
Aida die Zurückkehrende
Alena ungar. und tschech. Magdalena
Alisa Glück
Amalia/Amelia/Amalie/Amelie aus dem Volk der Amaler stammend

B **Beata/Beate** die Glückliche
Beatrice/Beatrix die Glück Bringende
Benedikta/Benedicta/Benice die Gesegnete
Berit dän. und schwed. Nf. v. Birgit
Bess/Betty/Betti Kf. v. Elisabeth
Bianca/Bianka die Weiße
Birgit/Birgitta nord. Brigitte
Blanche/Blanka die Weiße
Blandine die Freundliche
Brigitte/Brigitta die Erhabene
Brit/Britta schwed. Brigitta
Branca port. Blanka

C **Calantha** schöne Blüte
Claudia lahm (wie Hephaistos)
Cora/Corinna Jungfrau, Mädchen
Cosima die Sittsame

D **Darlene** Liebling
Debora/Deborah die Biene, die Fleißige
Demeter griech. Göttin der Fruchtbarkeit, Kornmutter
Despina herrschen (Beiname der Muttergottes)
Doreen die Mürrische
Dorina engl. Doreen

E **Eleonora/Eleonore** Gott ist mein Licht
Elgin nord. Helga
Elise/Elisa Kf. v. Elisabeth
Elisabeth Gott ist mein Eid
Elsa/Else/Elsbeth Kf. v. Elisabeth
Enid Reinheit

F **Farah** Freude, Heiterkeit
Fay/Fee Kf. v. Felicitas
Felicia/Felizia die Glückliche
Felicitas/Felizitas Glück, Glückseligkeit, Fruchtbarkeit

G **Gila** Freude, Glück
Gleda die Freude Bringende
Gwendolin/Gwendolyn weißer Kreis
Gwyneth weiß, schön

H **Helga** gesund, heil, unversehrt

I **Imelda** maßvoll, bescheiden
Imogen Tochter, Mädchen
Ina Kf. v. Namen auf -ina (Katharina)
Ines span. Agnes
Ira wachsam
Irene Friedensgöttin
Irina/Irena slaw. Irene

praktisch konzentriert unterstützend

Iris Götterbotin (Blume der Jungfrau)
Isa Kf. v. Isabell
Isabel/Isabella span. Elisabeth

K **Kaja** fries. Kf. v. Katharina
Katharina die Reine
Katrin niederl. Katharina
Karin/Karen nord. Katharina
Katja russ. Kf. v. Katharina
Kathleen engl.-ir. Katharina
Katinka russ. Katharina

L **Lana** Kf. v. Swetlana
Liese/Lisa/Lise Kf. v. Elisabeth
Lil die Kleine
Lillian Lilie (Blume von Merkur)
Lilli/Lilly Kf. v. Elisabeth od. Lillian

M **Maria/Marie** die Bitterkeit (Name der Muttergottes)
Marian/Marianne Zusammensetzung aus Maria und Anna
Marika/Marike ungar. Maria
Marilyn/ Marylyn engl. Kf. v. Maria
Marion/Manon franz. Maria
Marisa ital. Maria
Marlies Kf. der Zus. v. Maria und Elisabeth
Mary engl. Maria
Mascha russ. Kf. v. Maria
Maureen ir. Kf. v. Maria
Meike/Maike/Maika fries. Maria
Melina die von der Insel Melos Stammende
Melissa/Melitta Biene (Symbol von Fleiß)
Mercedes voller Gnade
Mia Kf. v. Maria
Millicent/Millie fleißig
Miriam die Bitterkeit

N **Nora/Noreen** Kf. v. Eleonore
Norina ital. Kosef. v. Nora

O **Olga** russ. Helga

P **Paula/Pauline** die Kleine
Pia die Fromme

R **Raffaela/Raphaela** Gott heilt
Ria Kf. v. Maria

S **Samantha** von Gott erhört
Siv/Siw Verwandte, Braut, Ehefrau
Susan/Susanne/Susanna Lilie
Swetlana hell

T **Therese/Theresa** Frau von der Insel Thera

U **Uma** Mutter
Una die Einzige

V **Valentina/Valentine** gesund, stark
Valeria/Valerie gesund, kräftig
Virginia die aus dem Geschlecht der Verginier

Z **Zita** Mädchen

100 Namen für Jungfrau-Jungen

A **Aldo** Kf. v. Alfred
Ali der Erhabene
Alfred beratender Naturgeist
Alwin edler Freund

B **Barnabas** Sohn des Trostes
Barney/Barny engl. Kf. v. Barnabas
Beat/Beatus der Glückliche
Ben Sohn
Benedict/Benedikt/Bendix der Gesegnete
Bengt nord. Benedikt
Benito ital. Benedikt
Benjamin Glückssohn
Bennet/Bennett engl. Kf. v. Benedikt
Benno Kf. v. Benedikt, Benjamin, Bernhard
Benny engl. Kf. v. Benjamin
Bruno der Braune, Brünette

C **Chris** Kf. v. Christoph
Christoph/Christof/Christopher Christus tragend
Clark gebildeter Mann
Claude lahm (wie Hephaistos)
Clemens/Klemens mild, gnädig
Cliff/Clifford Flussbett
Cyrill/Kyrill der rechte Herr
Cosimo Ordnung, Zier

D **Dmitri** russ. Demetrios, zur griech. Göttin Demeter
Dustin der vom staubigen Ort

E **Eduard/Edward** Beschützer des Eigentums
Elias Jahwe ist Gott
Ellis engl. Nf. v. Elias
Elvis edler Freund
Emil eifrig
Erasmus der Freundliche
Erhard/Erhart starke Ehre
Erwin Heer und Freund

F **Felix** der Glückliche
Fidel der Treue

G **Gabriel** Mann Gottes, Erzengel
Goran serbokroat. Gregor
Gordon der vom runden Hügel
Gottfried der Friede Gottes
Graham der aus dem großen Haus
Gregor der Wachsame
Gregory engl. Gregor
Grigorij russ. Gregor

H **Hagen** Einfriedung od. der Kleine, der Junge
Halil enger Freund
Hartwin kühner, starker Freund
Hauke fries. Hugo
Helge heil, gesund, unversehrt

Helmar/Helmer/Heilmar heil, gesund und berühmt
Hiob der Angefeindete
Horton der von der grauen Siedlung
Howard Hüter des Geistes, Verstandes
Hugo der Gedankenvolle
Hugh engl. Kf. v. Hubert
Hubert glänzender Gedanke

I **Idris** der Gelehrte
Ismael Gott hört

J **Jason** der Heilkundige
Josias Gott heilt
Jeffrey engl. Gottfried

L **Levi** anhänglich
Levin/Lewin lieber Freund
Lindsay/Lindsey von der Insel der Lindenbäume
Linford sanfte Wache
Lukas/Lucas der aus Lukanien Stammende
Luke engl. Lukas

M **Matthias** Geschenk Gottes
Matthew engl. Matthias
Michael Wer ist wie Gott? Erzengel
Michel Kf. v. Michael
Mick/Micky/Mike engl. Kf. v. Michael
Morton der aus dem Dorf im Moor

N **Nadim** Zechgenosse, Vertrauter, Freund

P **Paul** klein
Pavel tschech. Paul
Pawel russ. und poln. Paul

R **Rafael/Raphael** Gott heilt, Erzengel
Ruben Seht, ein Sohn!

S **Sean** ir. Johannes
Severin der Strenge
Simon Gott hat erhört
Sinclair schott. Familienname
Sönke Söhnchen
Sören dän. Severin
Sonny Sohn
Sterling der aus dem gelben Haus
Stuart Hausbewahrer
Sven junger Mann, Jüngling

T **Terrence** Name einer lat. Familie
Theophil Gottesfreund
Timon der Angesehene
Titus der Verdienstvolle
Tizian Nf. v. Titus
Trevor der Besonnene, Weise
Tycho der Glückliche

V **Valentin** stark, gesund
Valerius kräftig, gesund sein

W **Winston** Farm eines Freundes

Z **Zalo** gesund, heil

Waage

♎ Libra

23. September bis 23. Oktober

Die Waage ist das Zeichen des Gleichgewichts – daher dient die Waage auch als Symbol der Rechtsprechung. Denn Waage, »Gleichgewicht«, bedeutet Gerechtigkeit, Schönheit, Harmonie: die Kultivierung von allem, was Glück ins Leben bringt. Sie hegt gewöhnlich den leidenschaftlichen Wunsch, diese Botschaft an allen Orten zu verbreiten, und ist überall bestrebt, Streitigkeiten zu schlichten und die Eintracht wieder herzustellen. Waagen sind überaus idealistisch. Sie werden von der Venus beherrscht – charmant, aufreizend, sinnlich. Ihr Hauptproblem liegt darin, zu einer Entscheidung zu gelangen. Vor eine Wahl gestellt, fangen Waagen oft an zu rotieren. Drängen Sie sie nicht: Sie versuchen einfach, den besten, den richtigen Weg herauszufinden. Das Abwägen von Vor- und Nachteilen einer jeglichen Frage ist für Waagen jedes Alters unverzichtbar, was sie zu lebhaften und anregenden Gefährten macht.

Herrschender Planet

Wie der Stier wird die Waage vom Planeten Venus regiert. Sinnlich und charmant, symbolisiert Venus mit der Waage Schönheit, Harmonie und Ausgewogenheit und schöpferische Energie. Vor allem Farben und Düfte werden geliebt.

Element

Die Waage ist – als bewegendes Luftzeichen – äußerst extrovertiert und fortschrittlich. Da sie ihre Bedürfnisse leicht mitzuteilen vermag, strebt sie Zufriedenheit und Harmonie an. Diese Kombination verleiht ihr überdies die Fähigkeit, andere zu inspirieren.

Äußerliche Besonderheiten

Normalerweise wohlproportioniert, achten Waagen meist auf ein gepflegtes Äußeres. Die Frauen sind modebewusst und elegant und auch die Männer haben meist einen Sinn für bunte Kleidung, sind »adrett«, vielleicht mit einem Grübchen im Kinn.

Gesundheit

Solange ihre Umgebung sauber und friedlich ist, erfreuen sich die Waagen meistens guter Gesundheit. Jedoch sind die Harnwege, Nieren und Fortpflanzungsorgane gefährdet.

Berühmte Waagen

Olivia Newton-John
Popsängerin, * 26. September 1948

Anita Ekberg
Filmdiva, * 29. September 1931

Rudolf Mooshammer
Modeschöpfer, * 27. September 1945

Max Schmeling
Boxer, * 28.09.1905

Desmond Tutu
südafrikanischer Erzbischof, * 7. Oktober 1931

John Lennon
Rockmusiker * 9. Oktober 1940

Liselotte Pulver
Schauspielerin, * 11. Oktober 1929

Alfred Nobel
Chemiker, * 21.10.1833

Glück bringende Verbindungen

Edelsteine	Farben	Pflanzen	Metalle
Saphir Beryll Karneol	Blau Rosa Pastelltöne	Akelei Veilchen Pflaume Sauerampfer	Kupfer

Wie erziehe ich mein Waage-Kind?

Waage-Kinder schätzen eine Umgebung, die friedlich, liebevoll und für ihre zarten kleinen Seelen beruhigend ist. Laute Geräusche, grelle Farben, Wut oder Gewalt können Waagen tief verletzen. Sie müssen also Ihr bestes Benehmen an den Tag legen. Hingegen werden sie die schönen Dinge des Lebens mit großer Leidenschaft in sich aufnehmen. Natürlich tritt manchmal die Wirklichkeit auf den Plan; sie stellt immer neue Aufgaben und fordert oft schwierige Entscheidungen ab. Derweil finden Waage-Kinder Trost in all den angenehmen Seiten des Lebens, genießen Blumen und Düfte, Schaumbäder, Kerzen und ätherische Öle, Musik und Bücher, Gemälde und eine gute Küche. Sorgen Sie einfach dafür, dass das Bild nicht schief hängt oder der Fernseher nicht zu laut aufgedreht ist. Sie liegen gar nicht so falsch, wenn Sie Ihrer kleinen Waage ein ruhiges Zimmer, flauschige Decken und Kuscheltiere geben.

Waagen in der Familie

Für Waagen ist das Heim ein Ort der Zuflucht vor all der Aufdringlichkeit und Hässlichkeit der Welt. Sie gestalten ihr Zuhause gern zu einem sicheren, warmen und harmonischen Platz. Auch junge Waagen genießen es, einen verregneten Nachmittag bei einer guten Geschichte oder ihrer Lieblingsmusik in ihrem Zimmer zu verbringen. Sie mögen es, wenn dieser Raum ihnen persönlich gehört, ordentlich und sauber ist und von weniger kultivierten Geschwistern nicht allzu oft heimgesucht wird. Am besten kommen sie mit den anderen Luftzeichen Zwilling und Wassermann zurecht, aber sie verstehen sich auch ganz gut mit Löwe und Schütze.

Freundschaft

Freunde für ein Waage-Kind müssen sanftmütig und sensibel sein. In der Gesellschaft von lauten, aggressiven Menschen fühlen sie sich gar nicht wohl und sind von Drohungen oder Zwang nicht im Geringsten beeindruckt. Sie brauchen auch Zeit, um zu entscheiden, mit wem sie befreundet sein wollen. In einer Freundschaft erwarten sie Gerechtigkeit, Gleichheit und gegenseitigen Respekt – wie in einer Partnerschaft.

Schule

Waage-Kinder glänzen in künstlerischen Fächern wie Literatur, Musik und allem, was mit Rhythmus, Ausgewogenheit und Harmonie zu tun hat. Zur Mathematik fühlen sie sich oft aus denselben Gründen hingezogen und ihre Vorliebe für Diskussion und Debatte führt zu einem anhaltenden Interesse an politischen Themen. Vielleicht muss man sie ein wenig zum Sport überreden, besonders wenn es dabei etwas wild und schmutzig zugeht. Aber sobald diese Schranke durchbrochen ist (und es tut ihnen wahrscheinlich gut, sie gelegentlich zu durchbrechen), geben sie beachtliche Mannschaftsmitglieder und charismatische Spielführer ab.

Hobbys und Interessen

Kreative Themen und künstlerische Hobbys sind für Waagen geistige Nahrung. Bietet man ihnen die Gelegenheit, beginnen sie Musikinstrumente zu spielen, werden begeisterte Leser, werden Sammler von schönen Dingen und verwandeln mit Pinsel und Farben alles um sich herum – einschließlich ihrer Zimmerwände. Elegante, modische Kleidung, Parfüm und neue Frisuren beschäftigen sie von früh bis spät – und schöne Träume und friedliche Schlummer auf ihren nächtlichen Reisen.

Welche Namen passen zur Waage?

Bei der Namengebung sollten Sie Bedeutungen berücksichtigen, die sich auf gutes Aussehen beziehen, da Ihr Waage-Kind sehr wohl eine der aufstrebenden Schönheiten oder einer der adretten Herren des Tierkreises sein kann. Die Auswahl ist wirklich groß: Für die Mädchen kommen Anna, »die Begnadete«, Annabella, »schöne Anna«, und Charisa, »die Anmutige«, infrage und für die Jungen Kenneth, »gut aussehend«, Karim, »der Gütige, Edle«, oder Hassan, »schön«.

Wenn Ihnen nach etwas Exotischerem ist, können Sie sich die astrologischen Verbindungen vornehmen. Der Morgen- beziehungsweise Abendstern, der über die Waage herrschende Planet Venus, hat zu vielen schönen Mädchennamen wie Esther oder Estelle geführt, beides Ableitungen von Ischtar, der assyrischen Schönheits- und Liebesgöttin.

Eingedenk des friedliebenden Wesens dieses Zeichens können wir auch die universalen Friedenssymbole zu Hilfe nehmen, wie den Ölzweig – also Olivia für die Mädchen und Oliver für die Jungen – und die Friedenstaube – von der sich der Mädchenname Paloma und der Jungenname Jonas ableiten. Axel als Kurzform von Absalom bedeutet »der Vater ist Friede«.Weibliche Namen, die ihren Ursprung in den der Venus zugeschriebenen Blumen oder Kräutern haben, etwa

Viola und Jolanthe, »Veilchen«, sind ebenso passend wie jeder Bezug auf Blumen – wie Florentine, »Blume«, und die männlichen Formen Florens oder Florian, »der Blühende«

Venus ist eine durch und durch heidnische Gestalt, und das Christentum hat sich schon immer damit schwer getan, solche Archetypen sinnlicher Schönheit in seine spezielle Botschaft unterzubringen. Aber schließlich hat die neutestamentliche Maria Magdalena diese Rolle übernommen und daher tauchen auch Madeleine und Magdalena selbst in unserer Namensliste für Waage-Mädchen auf, neben all denen, die sich indirekt auf Venus und ihre mythologische Geschichte beziehen, unter anderem die altnordische Iduna, »die ewige Jugend«.

Wörter, die an friedliche, harmonische Plätze, etwa Wiesen oder Lichtungen, denken lassen, führen uns zu einigen passenden Waage-Namen, wie dem Jungennamen Lee, »vom Weideland stammend«. Sorge um das Wohl ihrer Mitmenschen und ihr leidenschaftliches Eintreten für Gerechtigkeit und Gleichheit zeichnen die Waage-Persönlichkeit aus, sodass sich Namen, die auf Engagement, Verteidigung oder Hilfe für andere anspielen, geradezu anbieten. Dazu zählen Konrad, »kühner Ratgeber«, Alexander, »der Männer Abwehrende«, und Justus, »der Gerechte«. Und weil es bei der Waage darum geht, konträre Kräfte abzuwägen und das Für und Wider einer Sache zu erkennen, sind Namen, die auf die Rechtsprechung deuten wie Ewald, »Herrscher über das Recht«, sowie Dan, »Richter«, und Dinah, »Richterin« für Waagen geeignet.

Und falls Sie einen soliden, ziemlich konservativen Namen suchen, haben Sie auch hier die Qual der Wahl, etwa Alfred, »beratender Naturgeist«, David, »der Geliebte«, für die Jungen, und Edna, »Freude, vollkommenes Glück«, sowie Grazia, »Eleganz, Anmut«, für die Mädchen.

100 Namen für Waage-Mädchen

A **Ada** Schönheit, Schmuck, Wohlgefallen
Alanna die Schöne
Alexandra/Alexa/Alexis die Männer Abwehrende
Amanda/Mandy die Liebenswerte
Amina Friede, Sicherheit
Anita ital. und span. Anna
Anja russ. Anna
Anke/Anka niederl. und fries. Anna
Anna/Anne/Anni die Begnadete, Holde
Annabell/Annabella die Schöne und Holde
Annegret Zus. aus Anna und Margarethe
Annelie oberdt. Kosef. v. Anna
Annette franz. Kosef. v. Anna
Annika schwed. Kosef. v. Anna
Antje niederdt. Kosef. v. Anna
Anuschka/Anuscha russ. Kosef. v. Anna
Arabella kleine Araberin od. die Schöne
Ariadne/Ariane/Ariana die Liebliche
Arlene Kind, Liebespfand
Asta Liebe
Astrid schöne Göttin
Aurelia die Goldene, Schöne

B **Belinda** die Schöne od. gewunden wie eine Schlange
Bonita die Schöne

C **Callista** die Schönste
Charis/Charisa Anmut, Huld, Liebreiz
Crescentia/Kreszentia/Kreszenzia die Gedeihende, Wachsende

D **Dagmar** die Friedliebende
Danica slaw. Morgenstern
Daniela Gott ist mein Richter
Davida/Davina/Davinia die Geliebte
Delicia das Entzücken
Delilah/Delinda/Delizea die Schmachtende od. mit lockigem Haar
Desideria/Désirée die Ersehnte
Dina/Dinah die Richterin
Djamila/Jamila die Schöne, Elegante

E **Edna** die Angenehme
Esther Stern
Estella/Estelle span. Stella

F **Floriane** die Blühende, die Prächtige
Friederike/Friederika Friede und reich, mächtig
Freia/Freja Herrin, Herrscherin

G **Gala** Sängerin
Galina Friede, Ruhe
Gönül Herz, Seele
Grace engl. Gratia
Gratia/Gracia/Grazia die Anmutige
Guenevere/Ginevra weiße Wange, die Schönwangige

sensibel diplomatisch **künstlerisch**

H **Hanna/Hannah** die Anmut

I **Ida** weise Frau, Seherin
Iduna ewige Jugend
Inga/Inge/Ingrid die schöne Göttin
Irene Friedensgöttin
Irina/Irena slaw. Irene
Isis ägypt. Göttin
Isodora/Isidora Geschenk der Göttin Isis

J **Jolanthe** Veilchen
Julia/Julie die aus dem Geschlecht der Julier
Juliane/Juliana erweiterte Form von Julia
Justina/Justine die Gerechte

L **Linda** Kf. von Belinda

M **Mabel** die Liebenswerte
Madeleine/Madeline franz. Magdalena
Magda Kf. v. Magdalena
Magdalena/Magdalene Frau aus Magdala, Maria Magdalena
Malinda/Malinde die Vornehme, Edle
Malina/Maline Kf. v. Magdalena
Malwine/Malwina glatte, feine Braue, Stirn
Marlene/Marlena Zus. aus Maria und Magdalena
Milena die Liebliche
Mirabel/Mirabella/Mirabell die Wunderbare, Schöne
Miranda die Bewundernswerte
Moira Schicksal, Glück

N **Nancy** engl. Kosef. v. Anna
Nanette franz. Kosef. v. Anna
Naomi die Liebliche

O **Olivia** der Ölbaum

P **Paloma** Taube
Pam/Pamela alles und Gesang
Philine die Liebreizende
Philomela Freundin des Gesangs
Philomena die Liebkosende

R **Rebecca/Rebekka** die Bestrickende, Fesselnde
Rika Kf. v. Friederika
Ruth die Schöne, die Freundin

S **Sandra** ital. Kf. v. Alexandra
Sascha russ. Kf. v. Alexandra
Selima friedlich
Sephora Schönheit
Serena die Heitere, Glückliche
Shirley die von der hellen Lichtung
Sigrid Schönheit, Sieg
Sonja russ. Kosef. v. Sophie
Sophia/Sophie die Weisheit
Stella Stern
Swantje Schwan

T **Tirza/Thirza** die Anmutige

V **Vanessa** Schmetterling
Viola/Violetta Veilchen (Blume der Venus)

W **Winifred/Winnie** Freundin des Friedens

100 Namen für Waage-Jungen

A
Alan/Allan/Allen *der Schöne, Fröhliche*
Alex *Kf. v. Alexander*
Alexander *der Männer Abwehrende*
Alexeij/Alexei/Alexej *russ. Alexander*
Alfred *beratender Naturgeist*
Axel *skand. Kf. v. Absalom: Vater ist Friede*

C
Castor/Kastor *der Ausgezeichnete*
Clark/Clarke *gebildeter Mann*
Clemens/Klemens *mild, gnädig*
Colin *engl. und franz. Kf. v. Nikolaus*

D
Dan *der Richter*
Daniel *Gott ist mein Richter*
Dankward/Dankwart *Hüter des Geistes*
Darrell/Daryl *Liebling*
Dave *engl. Kf. v. David*
David *der Geliebte*
Davis *Sohn Davids*
Djamil/Jamil *der Schöne*

E
Ewald *Herrscher über das Recht*

F
Ferdinand *aus Friede und mutig, kühn*
Florian *blühend, prächtig*
Florens *der Blühende*
Fred/Freddy *engl. Kf. v. Friedrich*
Frederik *niederdt. Friedrich*
Fridolin *oberdt. Kf. v. Friedrich*
Friedbert *glänzender Friede*
Friedemann *Mann des Friedens*
Friedemar *berühmter Friede*
Frieder *Kf. v. Friedrich*
Friedhelm *aus Friede und Helm, Schutz*
Friedrich *aus Friede und reich, mächtig*
Frithjof *Friede und Fürst*
Fritz *Kf. v. Friedrich*

G
Gilbert *glänzender junger Mann*
Gottfried *der Friede Gottes*
Götz *Kf. v. Gottfried*
Gratian *der Anmutige*
Graziano *ital. Gratian*

H
Hassan *schön*
Hilar/Hilarius *heiter, fröhlich*
Humphrey *junger Bär, Friede*
Hussein *Nf. v. Hassan*

I
Irenäus *der Friedfertige*

J
Jona/Jonas *Taube*
Jost *Kf. v. Justus*
Jules *franz. Julius*
Julius *der aus dem Geschlecht der Julier*
Julian *Nf. v. Julius*
Justin *engl. und franz. Nf. v. Justus*
Justus *der Gerechte*

sensibel *diplomatisch* künstlerisch

K **Karim** gütig, edel, wohltätig
Kasimir Verkünder des Friedens
Kemâl Vollkommenheit, Vollendung
Ken/Kenny Kf. v. Kenneth
Kenneth hübsch, tüchtig, flink
Kevin hübsch, anmutig von Geburt
Klaus Kf. von Nikolaus
Kolja Kosef. v. Nikolai
Konrad/Conrad kühner Ratgeber
Kosmas der Geschmückte
Kurt Kord Kf. v. Konrad

L **Lee/Leigh** der vom Weideland Stammende
Linus Klagegesang

M **Malchus** Ratgeber
Malcolm Anhänger der Gemeinde v. St. Columban
Manfred Mann des Friedens
Massimo ital. Maximus (der Größte)
Max/Maxim/Maximilian der Größte
Miklós ungar. Nikolaus
Miles Krieger
Miroslaw aus Friede und Ruhm

N **Nick** engl. Kf. v. Nikolaus
Nicolaj/Nicolai russ. Nikolaus
Niels/Nils skand. Kf. v. Nikolaus
Niklas Kf. v. Nikolaus
Nikolaus/Nikolas Sieg und Volk
Neal/Neil Wolke od. leidenschaftlich

O **Oliver** Olivenbaumpflanzer
Otis der gute Zuhörer
Otfried aus Besitz und Friede
Ortfried aus Spitze und Friede

P **Patrick** der Patrizer, der Vornehme

R **Raimund/Reimund** Rat, Ratschluss, Schutz
Ralf/Ralph aus Rat und Wolf
Ramon span. Raimund
Reinhold/Reinold gut beratener Führer
Reimar/Reimer berühmter Rat
Romeo Besucher Roms
Rudolf aus Ruhm, Ehre und Wolf

S **Salomon** der Friedfertige
Sandor ungar. Kf. v. Alexander
Sascha russ. Kosef. v. Alexander
Siegfried Sieg und Friede
Silas der Erbetene, Begehrte

T **Terrence** röm. Geschlechtername (Terentius)

V **Valentin** gesund, kräftig
Vefik Einklang, Harmonie

W **Wilfred** Wille und Friede
Winfried Freund des Friedens
Wladimir herrschen und Friede

Skorpion

♏ Scorpio

24. Oktober bis 22. November

Der Skorpion ist extrem gefühlsbetont – das lässt sich nicht leugnen. Haben Sie schon einmal zu einem Skorpion in rasender Eifersucht gesagt: »Komm schon, es geht doch nicht um Leben und Tod«? Dann war Ihnen wohl nicht klar, dass beim Skorpion alles um Leben und Tod geht? Aber gerade wegen dieser Heftigkeit und Zielstrebigkeit (die ebenfalls der Ursprung ihrer Intuition sind) können Skorpione die höchsten Leistungen auf ihrem Gebiet erbringen. Zugleich schürfen sie gerne tief und bleiben bei allem, was Ihnen im Abenteuer des Lebens begegnet, nicht nur an der Oberfläche. Sie sind treue Freunde, leidenschaftliche Liebhaber und gewissenhafte Arbeiter. Man sollte es sich nicht mit ihnen verderben; aber wenn man ihre Achtung gewinnt, kann einem nichts Besseres passieren, als sie in einer Krise an seiner Seite zu haben. Und sie haben sogar Sinn für Humor – zumindest manchmal.

Herrschender Planet

Traditionell wird der Skorpion von Mars regiert, der Stärke, Abenteuer, Kraft und Aggression symbolisiert. Moderne Astrologen jedoch ordnen ihm oft den erst 1930 entdeckten Pluto zu; dem leidenschaftlichen Skorpion-Wesen fügt er etwas Geheimnisvolles – wenn auch zugleich Explosives – hinzu.

Element

Der Skorpion ist ein festes Wasserzeichen, das ungewöhnliche Tiefe symbolisiert, einem abgrundtiefen See gleich – eine Eigenschaft, die seine Liebe zum Unsichtbaren und Geheimnisvollen perfekt widerspiegelt.

Äußerliche Besonderheiten

Der Körper entspricht an Stärke dem Geist. Die Jungen sind oft von gedrungenem Wuchs und haben eine charismatische Ausstrahlung, während die Mädchen sehr attraktiv sein können, was zu der Anziehungskraft führt, die Skorpion-Geborene besitzen.

Gesundheit

Der Skorpion ist robust und vermag Krankheiten schnell zu überwinden. Anfällig sind die Ausscheidungs- und Fortpflanzungsorgane. Eifersucht und Verbitterung können zu Nervenleiden führen.

Berühmte Skorpione

Pablo Picasso
Künstler, * 25. Oktober 1881

Bill Gates
Gründer von Microsoft, * 28. Oktober 1955

Hermann v. Pückler Muskau
Schriftsteller, Lebemann, * 30. Oktober 1785

Carola Neher
Schauspielerin, * 2. November 1900

Martin Luther
Reformator, * 10. November 1483

Claude Monet
Künstler, * 14. November 1840

Indira Gandhi
Politikerin, * 14. November 1917

Jodi Foster
Schauspielerin, * 19. November 1962

Glück bringende Verbindungen

Edelsteine	Farben	Pflanzen	Metalle
Diamant Adamant Jaspis Rubin	Rot Orange Safrangelb	Distel Nessel Rote Rose Mohn	Eisen Stahl

Wie erziehe ich mein Skorpion-Kind?

Beim Skorpion-Kind müssen Sie vor allem an Sicherheit und Schutz denken – das heißt, an Ihre Sicherheit und Ihren Schutz, nicht die des Kindes! Skorpione sind überaus offen und setzen sich gern über die Grenzen von Disziplin und gutem Geschmack hinweg. Überdies wird ihre impulsive, leidenschaftliche Natur durch einen eisernen Willen verstärkt, der sie in jedem Alter zu beeindruckenden Gegnern macht. Aber der Respekt, der sich aus der Not entwickelt, ist von Dauer, und sie werden denen gegenüber, die nicht nachgeben, loyal und sehr liebevoll sein. Respekt ist also der Schlüssel zum Verständnis dieser gefühlsbetonten kleinen Geschöpfe. Sie brauchen Platz und Ruhe, um sich zu konzentrieren und in die Tiefen ihrer Gedanken und Wünsche hinabzusteigen. Vergessen Sie nie, dass sie von Emotionen geleitet werden. Ihre Welt ist voller Widersprüche und Gegensätze, die nur sie in Einklang bringen können.

Skorpione in der Familie

Kräftig und stark, sind Skorpion-Babys entschlossene kleine Wesen und Sie werden einen robusten Laufstall brauchen. Selbst dann müssen Sie auf Zack sein, denn Skorpione haben eine unheilbare Schwäche dafür, an verbotene Plätze zu gelangen. Später wird sich diese Schwäche in positive und vorwärts weisende Eigenschaften verwandeln, mit denen sie zu Wissenschaftlern oder mutigen Soldaten von morgen werden. Aber im Augenblick brauchen sie eine vernünftige Erklärung, warum sie bestimmte Grenzen nicht überschreiten sollen. Sie neigen zu Eifersucht, sind aber zugleich sehr fürsorglich gegenüber Geschwistern. Normalerweise genießen sie vor allem die Gesellschaft der anderen Wasserzeichen Fische und Krebs, kommen aber auch gut mit Jungfrau und Steinbock zurecht.

Freundschaft

Die Freunde des Skorpions müssen lediglich loyal und ehrerbietig sein. Sein marshaftes Temperament verlangt gewisse Grenzen und Etikette, und falls jemand wagen sollte, ihm auf den Schwanz zu treten, wird er angreifen! Neben heftigen Beschuldigungen und tränenreichen Wutanfällen kann es lange dauern, bis der Schmerz – besonders der durch Zurückweisung bedingte – vergessen ist. Als Teenager sind sie, obwohl nicht weniger leidenschaftlich, vollauf mit Romanzen beschäftigt.

Schule

Skorpione fühlen sich von Fächern angezogen, die etwas Geheimnisvolles oder Investigatives haben wie Mathematik, Naturwissenschaft, Geographie und Geschichte. Mit einer ihr Alter überschreitenden Weisheit können sie ihre Ideen mit Lehrern intensiv diskutieren und zu vorbildhaften Schülern werden. Ihre körperliche Leistungsfähigkeit zusammen mit einem ausgeprägten Konkurrenzdenken und Abenteuerdrang bedeutet, dass sie gern Sport oder Kampfsport treiben, und sie können die Protagonisten bei allen möglichen anderen Schulaktivitäten sein.

Hobbys und Interessen

Skorpione haben oft geheime Hobbys oder möchten zumindest einen persönlichen Raum haben, in dem sie ihre Lieblingssachen fern von neugierigen Augen aufbewahren können. Daran ist nichts Finsteres – es ist einfach ihre Art, weil sie sich auf alles, was sie sich vornehmen, voll und ganz einlassen, sei es ein Chemiebaukasten oder ein Computerspiel. Sie lieben außerdem Tätigkeiten, die den Gebrauch genauer Werkzeuge und Instrumente erfordern.

Welche Namen passen zum Skorpion?

Bei der Namensuche sollten Sie an Energie und Leidenschaft zusammen mit den für den Skorpion typischen Mars-Eigenschaften Wettbewerbsgeist und Stärke denken. Das führt uns zu einigen der großartigen klassischen Namen wie Alexander/Alexandra, »Männer Abwehrende«, sowie ihre vielen Ableitungen, beispielsweise, Alexis, Sascha, Sandy und Sandra. Weiterhin kommt Andreas, »der Mannhafte«, mit der weiblichen Form Andrea infrage. Und wer kann die beeindruckenden Jungennamen Bernhard, Wilhelm und Hermann oder die gleichermaßen überzeugenden Mädchennamen Luise, Martina und Brigitte ignorieren? Sie alle spiegeln die tiefe, oft verborgene Stärke des Skorpions wider.

Alle Namen, die sich auf den Stachel des Skorpions beziehen, sind besonders passend: So verweist Hildegard auf eine Kriegerin. Weiterhin steht die Ehrfurcht gebietende Judith, »die rächende Frau aus Judäa«, zur Auswahl, die in der Bibel auf typische Skorpion-Art Rache an den Feinden ihres Volkes übte – und von der sich die beliebte moderne Form Jodie ableitet.

Aber der Skorpion hat nicht nur mit roher Energie zu tun. Seine marshaften Eigenschaften sind viel kanalisierter und konzentrierter als bei seinem Cousin Widder. Wenn Sie seine Symbolik umfassender ergründen wollen, müssen Sie zum Himmel hinaufschauen. Denn zwei besonders helle Sterne können mit dem Skorpion assoziiert werden: Zum einen verweist der Antares als Antipode des Mars (griech. Ares), auf die Mars-Namen wie Martin, Markus oder Marcella; zum anderen dominiert der Atair das Sternbild Adler. Der Adler ist ein wichtiges Symbol für den Skorpion, denn Adler, Skorpion und Schlange bildeten in der Symbolik jahrhundertelang sozusagen ein Dreigespann. Es sind sehr positive Symbole und sie liefern uns eine akzeptable und differenzierte Vorstellung des Skorpions – eines Menschen, der sich in die Höhen aufschwingen oder die Tiefen der Weisheit erforschen kann, dem Adler oder der Schlange gleich. Zu den geeigneten Namen zählen Belinda, »wie eine Schlange«, und Arnold, Arvid und Are, alle germanischen Ursprungs, mit Verweis auf den Adler.

Aber der Skorpion geht noch weiter. In der Mythologie und astrologischen Symbolik stoßen wir auf die geheimnisvolle und unsterbliche Legende der Erntegöttin Demeter und ihrer Tochter Kore, die von frühesten Zeiten an mit der vorübergehenden Unterbrechung des Lebens im Winter assoziiert wurde. In der Winterzeit wurde Kore in der Unterwelt von Pluto festgehalten und im Frühling wieder freigelassen, um in der Welt der Sterblichen neues Leben hervorzubringen. Diese Geschichte (der wir schon in Zusammenhang mit dem Zeichen Jungfrau begegnet sind) stößt beim gefühlsbetonten Skorpion-Charakter auf starke Resonanz, sodass sich Namen wie Cora oder Kore selbst, »das Mädchen, das zurückkehrt«, anbieten.

Um bei der Geisterwelt zu bleiben, so galt der Skorpion schon immer als magisches Zeichen. Namen, die auf Magie und Zauberei hinweisen, finden sich daher auch in unserer Liste, besonders weibliche wie Camilla, die Zauberin aus der Artussage, oder die moderne Schöpfung Samantha, die freundliche Hexe aus der TV-Serie *Verliebt in eine Hexe* in den 1960-er Jahren. Natürlich hat jedes neue Leben etwas Magisches an sich, aber beim Skorpion begegnen wir dieser mächtigen Wirklichkeit unmittelbar.

100 Namen für Skorpion-Mädchen

A **Aischa/Aische** Leben
Alexandra/Alexa/Alexis die Männer Abwehrende
Alice/Alicia von edler Art
Alison/Allie Kosef. v. Alice
Amalia/Amelia/Amalie/Amelie aus dem Volk der Amaler stammend
Ameline franz. Amalia
Andrea die Tapfere
Arlette franz. Kosef. zu germ. harja (Heer)
Astrid schöne Göttin
Athalia stark, erhaben ist Gott

B **Belinda** gewunden wie eine Schlange od. die Schöne
Bernice/Berenike die den Sieg bringt
Bernadette kleines Mädchen, mutig wie ein Bär
Bernhardine/Bernhardina kühne Bärin
Bibiana Nf. v. Viviane
Birgit/Birgitta nord. Brigitte
Birte dän. Kf. v. Birgit
Brenda flammendes Schwert
Brianna Stärke, Tapferkeit
Brigitte/Brigitta die Erhabene
Brit/Britta schwed. Kf. v. Brigitta

C **Camilla** die Erhabene
Claire franz. Klara
Clarissa/Clarisse Erw. v. Klara
Carlotta/Charlotte frei, mutig, stark
Carola/Caroline/Karola/Karoline frei, mutig, stark
Carrie engl. Kf. v. Carola
Cassandra Prophetin
Colette franz. Kf. v. Nicolette
Cora/Kora Mädchen, Tochter (die zurückkehrt)

D **Delilah/Delinda/Delizea** die Schmachtende od. mit lockigem Haar
Desideria/Désirée die Ersehnte
Doris die Dorerin, Speerkämpferin

E **Edith/Editha** Kämpferin für den angestammten Besitz
Emilia/Emilie/Emily röm. Geschlechtername (Aemilius)
Enid/Enyd Reinheit
Ernestina/Ernestine Ernst, Entschlossenheit, Kampf, Sorge
Eva/Eve/Evi Leben, Lebenspenderin

G **Gabriela/Gabriele** Streiterin für den Herrn
Geraldine die mit dem Speer herrscht
Gerda harter Speer
Gertrud/Gertrude starker Speer
Gisela Kind edler Herkunft
Griselda/Grideldis ital. Sagengestalt, aus grau und Kampf
Gudrun Geheimnis und Kampf

leidenschaftlich intuitiv standhaft

H **Hedda/Hedwig/Hedy** Kampf
Hilda/Hilde Kriegerin
Hildegard Kampf und Gehege, Einfriedung
Hilla Kf. v. Hildegard

I **Indira** Schönheit, Glanz
Isolde die Waffenmeisterin

J **Jodie/Jody** engl. Kf. v. Judith
Judith/Juditha Frau aus Judäa
Jutta die aus dem Volk der Jüten od. Kf. v. Judith
Jytte dän. Judith

K **Karla** die Freie
Kasimira Verkünderin des Friedens
Kim/Kimberley die von der Weide des Königspalastes
Klara/Clara die Leuchtende

L **Lana** siehe Swetlana
Lara Nf. v. Laura
Laura mit Lorbeer bekränzt
Larissa slaw. Laura
Lora slaw. Nf. v. Laura
Lorena engl. Erw. v. Laura
Lotta schwed. Kf. v. Charlotte
Louise/Luise/Louisa/Luisa berühmte Kämpferin

M **Marcella/Marcia** von Mars abgeleitet
Martina von Mars abgeleitet
Mathilde/Mathilda mächtige Kämpferin
Maud engl. Kf. v. Mathilde
Mechthild mächtige Kämpferin
Minna Kf. v. Wilhelmina

N **Nicola/Nicole/Nikola** Siegerin im Kampf
Nicoletta/Nicolette ital. und franz. Kosef. v. Nicola/Nicole

R **Ricarda/Richarda** stark, kühn
Rixa Herrscherin, Mächtige, Reiche
Rowena Ruhm und Freude
Ruby Rubin (Edelstein des Mars)

S **Samantha** von Gott erhört
Sandra ital. Kf. v. Alexandra
Seraphina/Seraphine die Feurige
Sibylle/Sybilla Prophetin, Seherin
Sieglind der Sieg
Sigrid Schönheit, Sieg
Solveig Haus, Saal und Kampf
Sonia/Sonja russ. Kosef. v. Sophie
Sophie/Sophia Weisheit
Swetlana hell, leuchtend

T **Tilda/Tilla/Tilli/Tilly** Kf. v. Mathilda
Tina/Tine Kf. v. Bettina, Christina, Christine, Martina
Trude Kf. v. Gertrud

V **Val/Valerie/Valeria** aus dem Geschlecht der Valier
Valentina/Valentine gesund und stark
Veronika die den Sieg bringt
Victoria/Viktoria Siegerin
Vivian/Viviane lebhaft, beweglich, lebenslustig

W **Wilhelmina/Wilhelmine/Wilhelma** Wille und Helm
Wilma/Wylma Kf. v. Wilhelmina

Z **Zoe** Freiheit, Leben

100 Namen für Skorpion-Jungen

A

Alex/Alexis Kf. v. Alexander
Alexander der Männer Abwehrende
Alfons eifriger Krieger
Amir Anführer
Anders skand. Andreas
André franz. Kf. v. Andreas
Andreas der Tapfere, Mannhafte
Archibald/Archibold vornehm und kühn
Are nord. Adler
Arndt/Arnd/Arend Nf. v. Arnold
Arno/Arne Kf. v. Arnold
Arnold wie ein Adler herrschend
Arnulf Adler und Wolf
Arvid/Arvit Adler und Wald

B

Barry Lanze, Speer
Bernd Kf. v. Bernhard
Bernhard/Bernard kühner Bär
Bill/Billy Kf. v. William
Boris der Kämpfende
Brian der Starke, der Hügel

C

Caesar schneidend
Calvin kühn
Colin Kf. v. Nikolaus

D

Damian der Bezwinger
Dietbold kühn und Volk
Dietrich Herrscher über das Volk
Dirk niederdt. Kf. v. Dietrich
Don Kf. v. Donald
Donald der Weltbeherrscher
Dorian der Speerkämpfer
Duncan kelt. brauner Krieger

E

Eberhard starker Eber
Eckhard/Eckehard der mit dem harten Schwert
Egbert der mit dem glänzenden Schwert
Egmont/Egmund Schwert, Schutz der Unmündigen
Elmar der mit dem berühmten Schwert
Erhard/Erhart stark, fest, kräftig
Erich/Erik beständiger Führer
Ernst Krieger

G

Gebhard Gabe und hart, stark, kühn
Gerald der mit dem Schwert herrscht
Gideon der Baumfäller, der Krieger
Günther Kampf und Heer

H

Harald/Harold Heerführer
Hartmut hart, kräftig und von edlem Sinn
Hartwig hart, kräftig und Krieg
Hector/Hektor der Standhafte, der Herrscher
Heiko niederdt. Kf. v. Heinrich
Heinrich mächtiger Herrscher
Helmut/Hellmuth/Helmuth Helm und Mut
Herbert/Heribert prächtig im Heer
Hermann Heeresmann, Krieger
Humphrey junger Bär und Frieden

leidenschaftlich intuitiv **standhaft**

I **Igor** russ. für Gott und berühmt

K **Kimball** Kriegsanführer
Klaas/Claas niederdt. Kf. v. Nikolaus
Klaus Kf. v. Nikolaus
Konstantin der Standhafte

L **Leopold** kühn und Volk
Liam Kf. v. William
Louis franz. Ludwig
Ludwig berühmter Krieger

M **Marcius/Marcus/Markus** Sohn des Mars, dem Kriegsgott Mars geweiht
Marius röm. Geschlechtername, der Mann vom Meer
Mark/Marlon Sohn des Mars, dem Kriegsgott Mars geweiht
Marten niederdt. Martin
Martin der Kriegerische
Marvin/Marwin berühmt und Freund

N **Nick** Kf. v. Nikolaus
Nico Kf. v. Nikolaus
Niels nord. Kf. v. Nikolaus
Niklas Kf. v. Nikolaus
Nikolaus/Nikolas Sieg und Mann des Volkes

O **Ortwin** Speerspitze und Freund

R **Rainer/Reiner** Beschluss und Heer
Randolf/Randolph Schild und Wolf
Rochus Kriegsgeschrei
Roger franz./engl. Rüdiger
Roland kühn und Ruhm
Roy kelt. der Rote
Rudi Kosef. v. Rudolf
Rüdiger Ruhm und Speer
Rudolf/Rudolph Ruhm und Wolf

S **Sascha** russ. Kosef. v. Alexander
Sebald kühner Sieger
Siegfried Sieg und Frieden
Sven junger Krieger

T **Tristan** klirrendes Schwert

V **Valentin** gesund und stark
Victor/Viktor der Sieger
Vincent/Vinzenz der Siegende

W **Walter** Heerführer
Wieland Kampf, kühn oder wagemutig
Wilfried Wille und Friede, Schutz
Wilhelm/William Wille und Helm
Willi Kf. v. Wilhelm
William engl. Wilhelm
Willibald Wille und kühn
Wolf Kf. v. Vornamen mit Wolf-
Wolfgang Wolf und Gang, Streit

Schütze

♐ *Sagittarius*

23. November bis 21. Dezember

Beim Schützen stellt sich die Frage, worauf er eigentlich zielt. Und jeder Schütze wird auf seine typisch fröhliche Art wohl eine andere Antwort geben. Aber sie zielen bestimmt auf etwas – vielleicht etwas Entferntes und Idealistisches oder darauf, sich zu amüsieren und die ganze reiche Vielfalt, die das Leben bietet, zu genießen. Was es auch sein mag, er wird alles Erdenkliche tun, um ins Schwarze zu treffen – und Entfernung spielt keine Rolle. Schützen können in der ganzen Welt herumreisen, ein Dutzend Sprachen lernen und jahrelang studieren, um ihr Ziel zu erreichen – und dabei machen sie ihre Entdeckungen und geben an ihre Mitmenschen tiefe Weisheit und großes Wissen weiter. Ehrlich, verspielt und zugleich auch nachdenklich, sind sie die Menschen des Tierkreises, die mit neuen Ideen – großen und vielen Ideen – und mit dem dazu passenden weiten Herzen überzeugen.

Herrschender Planet

Der Planet des Schützen ist der zugängliche, philosophisch gestimmte Jupiter: ein Planet, der beschützt und erhält und dabei allem etwas Überlebensgroßes verleiht. Er wird mit Ideen, Erziehung und Bildung sowie dem Gesetz in Zusammenhang gebracht.

Element

Der Schütze wird dem Element Feuer zugeordnet und ist ein angleichendes Zeichen. Diese Kombination ist zu großen Leistungen fähig und vermag sich unbekannten Umständen entsprechend anzupassen und zu ändern. Sie liebt Reisen und jegliche Erkundigungen.

Äußerliche Eigenschaften

Schützen sind oft von stämmigem, wohl gerundetem, fröhlichem Äußeren. Ihre Augen scheinen die meiste Zeit zu lächeln, der Sonne gleich, die durch die Wolken kommt. Die Oberschenkel sind oft kräftig.

Gesundheit

Traditionell soll der Schütze das Gesäß und Oberschenkel regieren. Gewöhnlich von sehr robuster Gesundheit, tut der Schütze jedoch alles in großem Rahmen und kann es mit dem Schlemmen übertreiben, was unter Umständen zu Gewichtsproblemen führt.

Berühmte Schützen

Scott Joplin
Komponist und Pianist, * 24. November 1868

Carl Friedrich Benz
Ingenieur, * 25. November 1844

Tina Turner
Sängerin, * 26. November 1939

Winston Churchill
Staatsmann, * 30. November 1874

Katharina Witt
Eiskunstläuferin, * 3. Dezember 1965

Walt Disney
Trickfilmzeichner, * 5. Dezember 1901

Heino
Schlagersänger, * 13. Dezember 1938

Edith Piaf
Chansonsängerin, * 19. Dezember 1915

Glück bringende Verbindungen

Edelsteine	Farben	Pflanzen	Metalle
Smaragd Jade Amethyst	Grün Blau Violett	Akanthus Borretsch Feige Eiche	Zinn

Wie erziehe ich mein Schütze-Kind?

Sind Sie gut darin, Fragen zu beantworten? Sie werden viel Übung bekommen, denn die Neugierde der kleinen Schützen ist unersättlich. Morgens wachen sie mit einer Frage auf den Lippen auf und schlafen abends mitten in einer anderen ein. Das Leben ist für sie ein großes Abenteuer, ein Berg, der zu ersteigen ist und der dann das ganze Panorama des Lebens freigeben soll. Sie lieben Tiere und genießen jede mögliche Schauspielerei. Vor allem sind sie ehrlich. Woran sie auch immer denken, es sprudelt einfach heraus. Aber sie sagen es mit einer solchen Unschuld und Jovialität, dass es keinem wirklich etwas ausmacht. Tatsächlich dreht sich beim Schützen alles um Jovialität – das Wort selbst rührt von seinem Planetenherrscher Jupiter her. Diese verspielten kleinen Clowns werden Sie mit Witzen und schrulligen Bemerkungen immer erheitern. Sie nehmen gern ihre Haustiere und andere Tiere mit schmutzigen Pfoten ins Zimmer – aber sie werden sich nicht ändern, und eigentlich wollen Sie das ja auch nicht, oder?

Schützen in der Familie

Bei einem kleinen Schützen im Haus bleibt Ihnen nichts anderes übrig, als auch Platz für einige Haustiere zu schaffen. Idealerweise wären das ein oder zwei Pferde und mehrere Hunde, aber auch wenn Sie seine Ansprüche herunterschrauben, werden ihm zumindest ein paar kleine Pelztiere unentbehrliche Gefährten sein! Sie sind auch gern mit Menschen zusammen, vor allem solchen, die ihren Abenteuerdrang teilen. In dieser Hinsicht verstehen sie sich am besten mit den anderen Feuerzeichen Löwe und Widder, aber auch ganz gut mit Waage und Wassermann.

Freundschaft

Seine Freunde müssen ehrlich und aufrichtig sein. Sie haben weder für Lügner noch für übermäßig diplomatische und vorsichtige Leute Zeit. Sie schießen aus der Hüfte. Warum sollte das nicht jeder andere auch tun? »Sei ein bisschen lockerer« ist ihre Parole – vielleicht haben sie Recht. Sie mögen Menschen mit Witz und Verstand, der idealerweise gleich verteilt sein sollte.

Schule

Nicht leicht zu disziplinieren, sprechen Schütze-Kinder am besten auf logische Erklärungen an. Vorausgesetzt, ihre Lehrer können ihren feurigen kleinen Geist entzünden und sie inspirieren, werden sie eifrig lernen und sich selbst in den schwierigsten Themen wohl fühlen. Sie mögen wilden Sport, wo sie sich zum Ruhm durchboxen können, fühlen sich aber auch von Fächern angezogen, die den Geist nähren, wie Philosophie und Religion. Gerade ihre ausgelassene Haltung zum Lernen kann sie dazu antreiben, zu den größten Geisteswissenschaftlern auf Erden zu werden.

Hobbys und Interessen

Schütze-Kinder wollen ihren Abenteuerdrang mit unzähligen Ausflügen stillen, um unterschiedliche Plätze und Menschen kennen zu lernen. Sie sind reiselustig und erwarten ungeduldig die Ferien. Da sie alle Fremdsprachen fast mühelos lernen, steigen sie schnell zum offiziellen Dolmetscher der Reisegruppe auf. Sie sind sehr tierlieb; die Mädchen wollen reiten und die Jungen mit ihren Hunden laufen und springen. Mit ihrem fröhlichen Wesen fühlen sie sich zum künstlerischen Schaffen hingezogen, interessieren sich aber auch für Recht, Militär, Politik und Religion.

Welche Namen passen zum Schützen?

Mit seinem Piktogramm eines Bogenschützen auf einem Pferd (manche halten es für einen Zentaur, halb Pferd, halb Mensch) bringt dieses Zeichen naturgemäß einen großen Anteil an Tierfreunden hervor. In diesem Zusammenhang bieten sich die Namen Philipp oder Philippa, »Pferdefreund«, geradezu an. Einige beliebte weiblichen Namen, zum Beispiel Rosamunde, Rosalinde und auch Rose, stammen im Gegensatz zum männlichen Roswin, »Pferdefreund«, nicht von der Wurzel für »Pferd«, Ross, wie einige meinen, sondern vom germanischen Wort für »Ruhm«.

Aber es ist der fröhliche, optimistische und exaltierte Jupiter, der Planetenherrscher des Schützen, der den Schlüssel zu vielen Namen in unserer Liste liefert. Es ist interessant festzustellen, wie viele Mädchennamen mit dem Buchstaben J anfangen, teilweise abgeleitet von dem Wort »jovial«, das selbst von »Jupiter« stammt. Folglich kommen Jocelyn, Joceline, Joy infrage.

Jupiter ist der römische Name für den früheren griechischen Zeus, das Oberhaupt des olympischen Pantheons und der mythologischen Helden des Altertums; der germanische Wodan oder Odin spiegelt sich ebenfalls in ihm wider. Neben Jovialität haben wir es also mit Macht, Energie, Fülle und fähigem Geist zu tun. Die Olympier lösten die älteren Götter, die Titanen, ab und von dieser Entwicklung rührten all die Vorzüge her, die wir Sterblichen genießen sollen: Gesetze, Bräuche, die eigentliche Struktur der Zivilisation. Im Laufe der Zeit wurde dieser Prozess ständig wiederholt, eine Kultur löste also eine andere ab – was an die Namen Jakob und Jacques, »der den Widersacher aussticht«, James und Jacqueline sowie deren Kurzformen Jim und Jackie denken lässt.

Im Grunde streben Schützen immer danach, ihren Horizont zu erweitern. Im Laufe der Jahrhunderte wurden seine zwei großen Leidenschaften, Reisen und Ideen (einschließlich religiöser und spiritueller), mit der Gestalt des Pilgers, des wandernden Weisen, personifiziert, sodass wir auf Namen wie Wendelin, »vom Stamm der Vandalen«, und Romeo »Rompilger«, oder Faramund, aus »reisen« und »beschützen« zusammengesetzt, zurückgreifen können. Weil der Glaube im Allgemeinen sehr eng mit diesem vielleicht spirituellsten aller Zeichen verknüpft ist, können Sie sich auch für einen unserer schönsten Namen entscheiden: für die Mädchen Elisabeth, »Gottes Schwur«, sowie Elisa und Elsbeth; für die Jungen Johannes, »Gott ist gnädig«, von dem sich Jan und John herleiten.

Falke und Adler – die edlen und feurigen Geschöpfe, die ausnahmslos mit der Hauptgottheit eines jeden Pantheons assoziert werden – stellen uns Arabella, volksetymologisch auch als »schöner Adler« gedeutet, und Gavin, »Schlachtfalke«, zur Verfügung. Weitere Symbole, wie der Speer oder das mit Zeus und Odin verbundene Füllhorn, finden sich in Namen wie Cornelius, »horngleich«, oder Edgar, »prächtiger Speer«, wieder. Bogen und Pfeil des Schützen, beide aus Eibenholz, sorgen für weitere Namen, beispielsweise Ivo, »Eibe Bogen aus Eibenholz«, für die Jungen und für die Mädchen Yvette und Yvonne, die beide von »yew«, engl. für Eibe, herrühren, aber auch »Gnade des Herrn« bedeuten.

Übrigens dient Zinn – das Metall Jupiters – zum Aufbewahren von Dingen, und weil Jupiter schon immer als der Planet des Bewahrens und des Schutzes galt, können wir auch Namen wie Edmund, »Beschützer von Eigentum«, und Hera, »Schutzgöttin der Frauen und der Ehe«, berücksichtigen.

100 Namen für Schütze-Mädchen

A **Abbie** Kf. v. Abigail
Abigail Quell der Freude, Vaterfreude
Agatha/Agathe die Gute
Almut die edel Gesinnte
Anita ital. und span. v. Anna
Ann/Anna/Anne die Begnadete
Annabel/Annabella die Liebenswerte
Anuschka slaw. v. Anna
Arabella kleine Araberin oder „schöner Adler“
Ariadne/Ariane die Heilige oder „sehr verborgen“
Astrid schöne Gottheit

B **Barbara** die Fremde, die Barbarin
Beate die Glückliche
Beatrice/Beatrix die Glück Bringende
Blandine die Freundliche, die Liebkosende

C **Carla/Karla** die Freie
Carola/Caroline/Karola/Karoline frei, mutig, stark
Carlotta/Charlotte frei, mutig, stark
Cornelia röm. Geschlechtername, Horn

D **Dacia** aus Dakien stammende
Daniela/Danielle Gott ist mein Richter
Daria/Darja Besitzerin des Guten
Darleen engl. Liebling
Dora Kf. v. Dorothea
Dorea/Dorena/Dorina Nf. v. Dorothea
Dorothea/Dorothee Geschenk Gottes

E **Edith/Editha** Besitz und Kampf
Edna die Angenehme
Eduarde Besitz und hüten
Eleonore/Eleonora Gott ist mein Licht
Elisabeth Gott ist mein Eid
Elise/Elli Kf. v. Elisabeth
Elsa Kf. v. Elisabeth
Elvira lebendig und zuverlässig
Emma/Emmy Kf. v. Namen mit Irm-
Esmeralda Smaragd, Edelstein
Eva das Leben

F **Farhild** die Reisende
Felipa siehe Philippa
Felizitas das Glück
Flora die Blumengöttin
Frances engl. Franziska
Franka serbokrat. Kf. v. Franziska
Franziska/Francisca die Französin, die Freie

G **Geraldine** die mit dem Speer herrscht
Gwendolin/Gwendolyn weißer Kreis

H **Helga** gesund, heil, unversehrt
Hera die Mächtige, die Beschützerin, die Starke
Hilaria/Hilary die Heitere

I **Ianthe** griech. die Blume
Ida Kf. v. Namen mit Ida-
Iris die schöne Götterbotin
Isabel/Isabella/Isobel roman. Elisabeth

optimistisch wissbegierig **abenteuerlustig**

J **Jackie** Kf. v. Jacqueline
Jacqueline weibl. zu Jacques, siehe Jakob
Jana/Janna slaw. Kf. v. Johanna
Jane engl. Johanna
Janet Kosef. v. Jane
Jasmin blühender Gartenstrauch
Jessica/Jessika Gott schaut dich an
Joan engl. Johanna
Joanna/Johanna von Gottes Gnade
Jocelyn/Joceline kleine Gotin
Joy Freude

K **Kelley/Kelly** Kriegerin
Kyla/Kylie Kf. v. Kelley

L **Lätitia** Freude, Frohsinn
Linea schwed. nach Carl von Linné

M **Mabel** siehe Annabel
Melina die von der Insel Melos Stammende
Mirabell die Wunderbare, die Schöne
Miriam die Bitterkeit

N **Nadine** franz. Erw. v. Nadja
Nadja russ. Kf. v. Nadjeshda
Nadjeshda russ. die Hoffnung
Nora Kf. v. Eleonora

O **Olga** russ. Helga
Olympia die vom Olymp stammt

P **Philippa/Pippa** die Pferdefreundin

R **Ronja** Kf. v. Veronika
Rosa Kf. v. Rosalinde
Rosalinde/Rosamund Ruhm, Preis, Schild

S **Sabeth** siehe Elisabeth
Saphira hebr. Edelstein
Sissy siehe Elisabeth
Su/Sue engl. Kf. v. Susanne
Susanna/Susanne das wilde Pferd

T **Thea/Theodora** Geschenk Gottes
Thelsa Kosef. v. Elisabeth

V **Vera** der Glaube
Verena scheuen, fürchten, verehren
Verona Kf. v. Veronika
Veronika/Veronica Siegbringerin
Vreni Kosef. v. Verena
Vroni oberdt. Kosef. v. Veronika

W **Warja** russ. Kosef. v. Barbara
Wanda die Wendin, Sorbenfrau
Wendi/Wendy engl. Kosef. v. Wanda

Y **Yvette** Eibe
Yvonne Eibe

100 Namen für Schütze-Jungen

A **Alwin** *edel und Freund*
Ansgar *Gott und Speer*
Archibald/Archibold *vornehm und kühn*
Asmund *nord. Gott und Schutz, Schütze*

B **Balthasar** *Gott schütze sein Leben*
Barry *Lanze, Speer*
Boie/Boje *der Bogen*

C **Calvin** *kühn*
Charles/Charlie *siehe Karl*
Cornelius *röm. Geschlechtername; Horn*

D **Damian/Damon** *bändigen und Erfolg*
Dan/Daniel *Gott ist mein Richter*
Darius *der Mächtige, der Bezwinger*
Donatus *der von Gott Geschenkte*

E **Edgar** *Besitz und Speer*
Edmund/Edmond *Beschützer des Guten*
Eduard *Schützer des Eigentums*
Elias *hebr. Jahwe ist Gott*
Eliot/Elliot/Elliott *von Gott gegeben*
Elisha *Gott ist gnädig, meine Rettung*
Ellis *zu Elias; Jahwe ist Gott*
Elwin/Elwyn *zu Alwin; edel und Freund*
Emanuel/Emmanuel *Gott mit uns*
Emerich/Emmerich *zu Amalrich; reich und mächtig*
Erhard *die Eibe*
Eugen *der Wohlgeborene*
Ewald *der nach dem Gesetz Waltende*

F **Falk/Falko** *der Falke*
Faramund *reisen und Beschützer*
Farold *reisen, walten und Gebieter*
Ferdinand *kühner Beschützer*
Florian *der Glänzende*
Franz *Kf. v. Franziskus*
Franziskus *der Franzose*
Friedemund *Friede und Beschützer*

G **Gavin** *Falke der Schlacht*
Gerald/Gerhard *der dem Speer herrscht*
Gernot *Speer und Gefahr*
Gerolf/Gerold *Speer und Wolf*

H **Hans/Hannes** *Kf. v. Johannes*
Hartmut *fest in Sinn, Geist und Gemüt*
Hubert *glänzender Gedanke*
Hugh *engl. Kf. v. Hubert*
Hugo *der Gedankenvolle*
Humbert *junger Bär und glänzend*

I **Ian** *siehe Johannes*
Ingvar *nord. Heer oder Wächter, Hüter*
Isaac/Isaak *er wird lachen*
Ivar/Iwar *siehe Ingvar*
Ivo/Iwo *Eibe, Bogen aus Eibenholz*

optimistisch wissbegierig **abenteuerlustig**

J **Jack/Jake** engl. Kf. v. Johannes
Jacob/Jakob „Er möge schützen", Fersenhalter
Jacques franz. Jakob
James engl. Jakob
Jan Kf. v. Johannes
Janek tschech., poln. Johannes
Janis lett. Johannes
Janos/Janosch ungar. Johannes
Jens niederdt., dän. Kf. v. Johannes
Jeremias/Jeremy/Jerry den Gott erhöht
Jim Kf. v. James
Johannes Gott ist gnädig
John engl. Kf. v. Johannes
Jordan Erde und kühn
Josua Gott ist Rettung

K **Karl/Carlo/Carlos** freier Mann
Kirk der an der Kirche Wohnende

L **Lambert** glänzendes Land
Leopold Volk und kühn

M **Manuel** Kf. v. Emanuel
Marbert Pferd und glänzend
Marhold Pferd und walten, Gebieter
Meinhard der Tüchtige, der Kräftige
Miroslaw slaw. Ruhm und Ehre

O **Olaf** nord. Nachfahre des verehrten Urahns
Oscar/Oskar Gott und Speer

P **Philipp** der Pferdefreund

R **Raimund/Reimund** Rat, Beschluss, Beschützer
Roger franz., engl. Rüdiger
Roland Ruhm und kühn
Romeo Rompilger
Roswin Pferd und Freund
Rüdiger Ruhm, Ehre, Speer
Rupert Ruhm und glänzend

S **Salvador/Salvator** lat. der Retter, der Erlöser
Sebald kühner Sieger
Servatius der Gerettete
Silvester der im Wald Lebende
Stig nord. der Wanderer
Stuart Hausbewahrer

T **Thaddeus** weise
Theodor Gottes Geschenk
Thorbjörn nord., germ. Donnergott, Bär, Häuptling

V **Vitalis** der Lebenstüchtige

W **Waldemar** berühmter Herrscher
Wendelin auf den Stamm der Vandalen bezogen
Wilmut Wunsch und Sinn, Geist
Witali russ. Vitalis
Wladimir russ. Waldemar

Y **Yve/Yves** siehe Ivo

Z **Zacharias** hebr. erinnert hat sich Jahwe (Gott)

Steinbock

♑ Capricorn

22. Dezember bis 20. Januar

Beständig, zuverlässig, auf natürliche Weise Autoritäres ausstrahlend, scheinen Steinböcke die meiste Zeit – wenn nicht sogar immer – das Leben recht ernst zu nehmen! Sie sind die Anführer, die Unternehmer und Industriekapitäne. Am glücklichsten sind sie, wenn ein Ziel in Sicht, eine Ambition zu verwirklichen ist, und dazu vermögen sie die kompliziertesten und weitreichendsten Pläne zu schmieden. Ohne protzig zu sein oder die Aufmerksamkeit auf sich zu lenken, sind sie die wahren Gewinner des Lebens. Wie das Tier selbst, das langsam von Felsspitze zu Felsspitze klettert, erklimmen sie schließlich mit Geschicklichkeit und Entschlossenheit den Gipfel. Stolz, würdevoll und klug, sind sie Meister der Ironie und Satire und zugleich im Grunde traditionsbewusst.

Herrschender Planet

Saturn, der Planet des Alters und der Weisheit, regiert den Steinbock. Er wird auch mit Zeit, Maß, Tradition und Gesetz assoziiert. Langsam, bedächtig und stark, verleiht er ein natürliches Auftreten von Reife und Autorität.

Element

Der Steinbock ist ein bewegendes Erdzeichen. Diese Kombination steht für Führerschaft, gepaart mit Besonnenheit und Vorsicht. Ambition und Verantwortung, dazu ein hohes Maß an gesundem Menschenverstand, gehen hier eine positive Verbindung ein.

Äußerliche Besonderheiten

Mit ihrem dunklen Teint und ihrer drahtigen, manchmal schlanken Figur haben Steinböcke eine reife, vornehme Erscheinung und im Laufe der Jahre werden sie immer attraktiver. Die Männer haben vielleicht einen ausgeprägten Adamsapfel, und die Frauen nehmen sich gewöhnlich sehr viel Zeit für ihr Äußeres.

Gesundheit

Der Steinbock ist eher anfällig für Erkältungen und rheumatische Leiden als für Fieberkrankheiten. Traditionell sind die Gelenke und besonders die Knie am meisten gefährdet. Überdies neigt er zu Melancholie.

Berühmte Steinböcke

Sebastian Haffner
Publizist, * 26. Dezember 1907

Nigel Kennedy
Violinist, * 28. Dezember 1956

Ulrich Zwingli
Reformator, * 1. Januar 1484

Joan Baez
Sängerin, * 9. Januar 1941

Sabrina Setlur
Rapperin, * 10. Januar 1974

Rod Stewart
Sänger, * 10. Januar 1945

Martin Luther King
US-Bürgerrechtler, * 15. Januar 1929

Edgar Allan Poe
Schriftsteller, * 19. Januar 1809

Glück bringende Verbindungen

Edelsteine	Farben	Pflanzen	Metalle
Diamant Onyx Saphir	Schwarz	Stechpalme Efeu Raute	Blei

Wie erziehe ich mein Steinbock-Kind?

Machen Sie sich keine Sorgen, wenn Steinbock-Kinder die Stirn runzeln. Sie sind nicht unbedingt unglücklich, sondern denken einfach nach. Voll und ganz auf aktuelle Themen konzentriert, fragen sie sich, wie sie es anstellen sollen, sich durchzusetzen – was ihnen natürlich auch immer gelingt. Hin und wieder verwikkelt Sie Ihr kleiner Steinbock in altkluge Gespräche. Steinböcke mögen es, wenn man sie einbezieht; überlassen Sie ihnen am besten so viel wie möglich Verantwortung. Sie achten jedoch Autorität. Gelingt es Ihnen, sie zu überzeugen, dass Sie es am besten wissen, und sie in das Geheimnis einzuweihen, woher Sie das wissen, werden sie Ihnen gehorsam folgen. Vor allem kann man ihnen vertrauen. Sie können ihnen Pflichten und Aufgaben übertragen und wenn damit eine kleine Belohnung verbunden ist, packen sie es an. Die Aufgabe ist so gut wie erledigt – vielleicht nicht sofort, aber zumindest dann, wenn die Zeit dafür gekommen ist ... das heißt, ihre Zeit. Seien Sie geduldig!

Steinböcke in der Familie

Steinböcke sind derart häuslich, dass Sie Mühe haben können, Ihren Kleinen dazu zu bringen, frische Luft zu schöpfen. Das Heim ist ihr Reich, in dem sie über alles herrschen, was sie überblicken können, und solange sie nicht müssen, werden sie sich nur vorsichtig hinauswagen. Sie gehen lieber mit den Eltern spazieren, als mit einer Bande umherzustreifen. Manchmal schüchtern, aber gewöhnlich von ruhiger Zuversicht, verstehen sie sich am besten mit den anderen Erdzeichen Stier und Jungfrau, aber auch ganz gut mit Skorpionen und Fischen. Zuweilen verhalten sie sich gegenüber ihren Geschwistern, auch den älteren, wie Eltern.

Freundschaft

Was Freundschaften anbelangt, neigen Steinböcke zu wenigen engen Spielgefährten statt zu vielen oberflächlichen Kontakten. Eine Annäherung der Standpunkte ist viel wahrscheinlicher als eine heftige Vernarrtheit. Ihre Freunde müssen vernünftig und reif sein. Oft mögen sie Leute, mit denen sie Ziele und Ambitionen teilen. Die wenigen derart Geehrten können Freunde fürs Leben werden.

Schule

Meistens artig, haben Steinbock-Kinder selten Probleme in der Schule. Vorausgesetzt, ihre Ambitionen werden mobilisiert, können sie unglaublich hart arbeiten und kümmern sich selbstständig um Hausaufgaben und Prüfungen. Von Natur aus stolz, ist es ihnen wichtig, niemals »die anderen im Stich zu lassen«. Mit ihrer ruhigen, natürlichen Autorität und ihrem Pflichtgefühl können sie auch erfolgreiche Klassensprecher werden. Sport steht nicht ganz oben auf der Prioritätenliste, sofern er nicht mit angemessenen Huldigungen und Ehrungen verbunden ist.

Hobbys und Interessen

Steinböcke werden oft zu »der Autorität« auf ihrem gewählten Gebiet, und dazu zählen auch Hobbys, ob sie nun Briefmarken sammeln oder Computer zusammenbauen. Mit anderen Worten, wenn sie etwas nicht ernst nehmen können, wird es sie wohl überhaupt nicht anziehen. Rechnen Sie mit schrulligen Interessen wie Fossilien, Steine oder Muscheln, Uhren, Familien- oder Lokalgeschichte und sogar Archäologie. Steinbock-Hobbys sind eben anders.

Welche Namen passen zum Steinbock?

Bei der Namenwahl für dieses stärkste und zugleich würdevollste aller Zeichen dürfen wir nicht die Natur seines Herrscherplaneten Saturn vergessen – das in den Prinzipien der Vorsicht, Ordnung und Tradition verkörperte Element Erde. Alle Namen, die sich auf das edle, beständige Wesen Saturns beziehen, sind daher geeignet, beispielsweise für Mädchen Sonja, »Weisheit«, oder Norma, »Regel, Richtschnur«, und für die Jungen Brian, »stark, würdevoll«, und Richard, »kühner Herrscher«.

Saturn und Steinbock werden mit dunklen Farben, vor allem mit Schwarz, assoziiert. In dieser Hinsicht haben wir eine große Auswahl. Für die Jungen kommen in Frage: Douglas, »dunkler Strom«, Donovan, »dunkelbraun«, und Duncan, »brauner Krieger«. Für die Mädchen bieten sich Maura, »die Maurin«, und Melanie, »die Schwarze«, an. Dunkelheit bedeutet in diesem Zusammenhang keineswegs etwas Unheilvolles, sondern bezieht sich vielmehr auf die großen weiblichen Prinzipien, symbolisiert durch die Nacht, den Sternenhimmel sowie die Tiefe und das Geheimnis der Erde. Einige seltene und schöne Namen rühren von diesen Quellen her, wie Esther, »Stern«, und Hoshi, »Stern« auf Japanisch, und für die Jungen Krishna, »der Schwarze«, und Maurice, »der Maure«.

Auch der Rabe und die Amsel mit ihrem schwarzen Gefieder haben ihren Teil zur Schöpfung von Namen wie Alram »edler Rabe« und Bertram, »glänzender Rabe«, Merle, «Amsel«, und Korbinian, »kleiner Rabe«, beigetragen.

Traditionell stehen Steinbock und Saturn auch mit weiten, offenen Räumen in Zusammenhang – Heide und Flachland mit kargen, zerklüfteten Hängen (natürlich das Lieblingsgebiet des Steinbocks), sodass Sie in den Listen Namen wie Sharon, »Tiefebene«, und Clinton, »Stadt an der Landspitze«, finden. Verschiedene Jungennamen weisen auf die besonders hervorstechenden Steinbock-Merkmale der Macht und Führung hin. In diesem Kontext stoßen wir auf Dominik, »dem Herrn gehörend«, und den Max oder Maximilian, was recht unverhohlen »der Größte« bedeutet, mit den weiblichen Formen Maximiliane und Maxi.

Um den 22. Dezember erreicht die Sonne den Abschnitt Steinbock. Wenn das Kind um diese Zeit geboren wird, kommen also automatisch Namen mit Bezug auf Weihnachten in Frage. Noel und die weibliche Form Noelle bieten sich geradezu an, desgleichen Natalie, »Weihnachtskind«, und Leslie, »Frau von der Wiese«. Und da die einfache Wahl oft die beste ist, sollten wir auch Helene, »die Leuchtende, Stahlende«, nicht vergessen. Beliebt ist ferner der Mädchenname Tiffany, der sich von »Epiphanias« ableiten soll, dem Fest der »Erscheinung des Herrn«, wiederum ein klarer Hinweis auf den Steinbock.

Die Zeit, ihre Messung und ihr Verstreichen spielen für den Steinbock eine wichtige Rolle. Das lateinische Wort »hora« für Stunde spiegelt sich vielleicht in Horatio wider, der auf einen altrömischen Geschlechternamen zurückgeht. Alle Namen, die mit Planung, Maßen und Ordnung – und der Autorität, die erforderlich ist, um diese einem sonst chaotischen Universum aufzuerlegen – assoziiert werden, können dem Steinbock zugeordnet werden. Mädchennamen wie Prudentia, »die Kluge, Besonnene«, oder Priscilla, »die Altehrwürdige«, und Jungennamen wie Ernst, »Entschlossenheit«, und Kyrill, »der rechte Herr«, sind folglich passend. Da sich der Steinbock oft für Muscheln, Fossilien und Steine begeistert, eignen sich auch Namen wie Coralie und Saphira.

100 Namen für Steinbock-Mädchen

A
Agnes die Reine, die Keusche
Aloisia die Weise
Amalia/Amelie die Hoffnungsvolle
Amaryllis die Leuchtende, Zierplanze
Andrea die Tapfere
Arista die Beste, die Vornehmste

B
Bastienne die Erhabene
Bina Verständnis, Weisheit
Birgit/Birte nord. Brigitte
Branka slaw. Ehre, Ruhm
Brigitta/Brigitte die Erhabene

C
Cara wertvolles Juwel
Celestina/Celestine die Himmlische
Cleo/Clio Ruhm
Coralie Koralle
Cornelia röm. Geschlechtername; Horn
Cynthia die vom Berg Cynthos Stammende

D
Dagmar gut, groß, berühmt
Daria/Darja die Mächtige, Besitzerin, Beschützerin
Dominique/Dominika Gott gehörend

E
Earnestine/Ernestine die Kriegerin
Eleonora/Eleonore Gott ist mein Licht
Emilia/Emily röm. Geschlechtername; eifrig
Erika die beständig Herrschende
Esther der Stern

G
Germaine weibl. zu Germain; Germane, Bruder
Gisela Spross, Kind edler Herkunft

H
Helene die Leuchtende, Strahlende
Hoshi japan. Stern

I
Imke Kf. v. Irmgard
Ines siehe Agnes

K
Kala ind. die Schwarze
Kali ind.-pak. die schwarze Göttin
Kishi japan. Ufer, langes Leben
Kyna ir.-gäl. Weisheit

L
Lale skand. Kosef. v. Laura
Lamberta Land und glänzend
Lara Kf. v. Larissa
Larissa griech. Ortsname
Laura Kf. v. Laurentia
Laureen engl. Kosef. v. Laura
Laurentia die mit Lorbeer Bekränzte
Laurina Erw. v. Laura
Leila eine Nacht
Leslie Frau von der Wiese

ambitioniert entschlossen **ausdauernd**

M **Magna** weibl. zu Magnus; der Große
Marta/Martha die Herrin
Maura die Maurische, die Mohrin
Maximiliane/Maxi die Größte
Medea die Kluge
Mela Kf. v. Melanie
Melanie die Schwarze
Merle die Amsel
Michaela/Michelle Streiterin für Gott
Mildred/Miltrud Kraft, Stärke
Mirka russ. Friede und Ehre
Miwa japan. weitblickend
Monica/Monika die Einzige

N **Natalia/Natalie** die am Weihnachtstag Geborene
Natascha russ. Kosef. v. Natalia
Nathalie franz. Natalia
Nicola/Nicole Siegerin im Kampf
Nicolette franz. Nicole
Noelani hawaii. die Schöne vom Himmel
Noella/Noelle die an Weihnachten Geborene
Nora/Norah Kf. v. Eleonora
Noreen engl. Kosef. v. Nora
Norina Erw. Noreen, ital. Kosef. v. Nora
Norma Richtschnur, Regel

O **Okelani** hawaii. die aus dem Himmel

P **Pat/Pattie/Patty** Kf. v. Patricia
Patricia/Patrizia röm. Geschlechtername
Patsy engl. Kosef. v. Patty
Prisca/Priscilla die Altehrwürdige
Prudentia die Kluge, Besonnene

R **Rachel/Rahel** Lamm, Schaf
Raja russ. Kosef. v. Rahel
Raquel span. Rahel
Roberta Ruhm und glänzend
Rolanda/Rolande Ruhm und wagemutig
Roswitha Ruhm und stark

S **Sabina/Sabine** röm. Geschlechtername
Sabrina Flussnymphe, die von der Grenzlinie
Sadie engl. Kosef. v. Sara
Sally Kosef. v. Sara
Saphira Edelstein
Sara/Sarah Herrin, Fürstin
Sayo japan. die in der Nacht Geborene
Shannon ir. die kleine alte Weise
Sharon bibl. Ortsname
Sonia/Sonja russ. Kosef. v. Sophia
Sophia/Sophie/Sofia die Weisheit
Soraya die große Fürstin
Stella der Stern

T **Tara** felsiger Gipfel, Felsspitze
Thekla Gott und Ruhm
Tiffany amerik. Erscheinung Gottes

V **Vita** das Leben

Y **Yule** schott. Weihnachten

Z **Zippora** hebr. der Vogel

100 Namen für Steinbock-Jungen

A **Aaron/Aron** der Erhabene, Erleuchtete
Abraham ehrbarer Vater, Vater der Menge
Absalom Vater des Friedens
Adalbert edel und glänzend
Aldous der aus gutem Hause
Alois der Weise
Alram edel und Rabe
Anders skand. Andreas
André franz. Kf. v. Andreas
Andreas der Tapfere

B **Bastian** Kf. v. Sebastian
Bert Kf. v. Bertram
Bertram glänzend und Rabe
Brian/Bryan hoch, erhaben, edel
Brunhard braun, stark, fest
Bruno braun, verhüllend für Bär

C **Clifford** der von der Furt am Felsriff
Clinton der aus der Stadt an der Landspitze
Cornelius röm. Geschlechtername; Horn
Corvinus kleiner Rabe
Cyrill/Kyrill/Cyrillus griech. der rechte Herr

D **Desmond** weltmännisch
Dieter Volk und Heer
Dietmar Volk und berühmt
Dominic/Dominik/Dominikus Gott gehörend
Donald mächtige Welt
Donovan dunkelbraun
Douglas dunkler Strom
Drees/Dries niederdt. Kf. v. Andreas
Duncan altir. brauner Krieger

E **Erich/Erik** beständiger Führer
Ernst entschlossener Krieger
Ethan Festigkeit, Stärke
Ewald der nach dem Recht Waltende

F **Frederic/Frederik** engl., niederdt. Friedrich
Friedel/Frieder/Fritz Kf. v. Friedrich
Friedrich Friedensfürst

G **Gordon** der vom dreieckigen oder runden Hügel
Graham der Mann aus dem großen Haus
Guido der aus dem Wald
Guntram Kampf und Rabe

H **Horatio** röm. Geschlechtername
Horst Gehölz, Dickicht

K **Keith** der Mann aus dem Wald
Kerwin kelt. der Dunkelhaarige
Kimball Kriegsanführer
Korbinian kleiner Rabe
Krishna ind. der Schwarze

ambitioniert entschlossen **ausdauernd**

ambitioniert entschlossen **ausdauernd**

L **Lars/Lasse** skand. Kf. v. Laurentius
Laurentius mit Lorbeer gekrönt
Laurenz/Lorenz dt. Laurentius
Leslie/Lesley Mann von der Wiese

M **Magnus** der Große
Maurice franz. Mauritius
Mauritius der Maure, Mauretanier
Mauritz Kosef. v. Mauritius
Mauro span. Maurus
Maurus Maure, Mohr
Max Kf. v. Maximilian
Maxime Kf. v. Maximilian
Maximilian aus dem Geschlecht des Maximus; der Größte
Moreno ital. dunkel, schwarz
Moritz dt. Mauritius

N **Nando** wagemutig, kühn
Natalis der zu Weihnachten Geborene
Nero stark, streng
Nestor der immer Zurückkehrende
Nicholas franz. Nikolaus
Nigel der Finstere
Nikolaus Sieg, Volk
Noah der Ruhe Bringende
Noel franz. Kf. v. Natalis

O **Olaf** nord. Nachfahre des verehrten Urahns
Orlando span. Roland
Olympus vom Berg

P **Patricius** Patrizier, dem Geburtsadel angehörig
Patrick Kf. v. Patricius

R **Rabanus** der Rabe
Ricardo roman. Nf. v. Richard
Richard Herrscher und stark, fest
Rick Richie engl. Kf. v. Richard
Roland Ruhm und kühn

S **Sebastian** der Ehrwürdige
Sidney engl. Sidonius
Sidonius der aus Sidon Stammende
Siegram Sieg und Rabe
Sintram Weg, Richtung und Rabe
Sixten schwed. Sieg und Stein
Stanley engl. steiniges Feld
Sten nord. Stein

T **Tarek/Tarik** arab. Nachtstern, nächtlicher Besucher
Thorsten german. Donnergott, nord. Stein
Timon Ehre, Ansehen
Timotheus/Timothy Ehre, Gottes
Titus Ruhm, Verdienst, Ansehen

U **Udo** Kf. v. Ulrich
Uli/Ulli Kf. v. Ulrich
Ulrich/Ullrich Erbe, Heimat und mächtig
Utz Kf. v. Ulrich

W **Wolfram** Wolf und Rabe

Wassermann

♒ Aquarius

21. Januar bis 19. Februar

Manchmal scheint es, dass der vielseitige Wassermann-Verstand speziell geschaffen wurde, um die diversen Ablenkungen und die Informationsflut von heute verarbeiten zu können. Er springt von einem Thema zum anderen, dem Wasser gleich, das sich aus einem Springbrunnen ergießt. Er sprudelt, läuft über und springt in die eine und die andere Richtung. Sich nie ausruhend, empfängt er die Signale der Menschen, denen er begegnet, ihre Gedanken, Gefühle, Träume und Ideale. Originell, wissbegierig und charmant, schließt ein typischer Wassermann überall und jederzeit Freundschaften. Er genießt es sehr, anders zu sein. Und dieses »Anderssein« ist etwas, das ihm leicht fällt – genauso wie die Fähigkeit, Notleidenden freundlich zuzuhören. Wenn Sie jemanden wirklich gern haben, aber eigentlich nicht wissen warum, haben Sie höchstwahrscheinlich einfach einen Wassermann kennen gelernt.

Herrschender Planet

Traditionell wird der Wassermann von Saturn regiert, während heutige Astrologen ihn – wohl zu Recht – dem erst 1781 entdeckten Uranus, dem Planeten der Exzentrizität, zuordnen. Wassermänner sind oft sehr begabt und haben etwas Originelles an sich.

Element

Der Wassermann ist ein festes Luftzeichen, aus dem ein Charakter hervorgeht, der sehr nachdenklich und intuitiv ist und weiß, was er will. Luftzeichen sind gewöhnlich überaus kommunikativ und der Wassermann ist bestimmt keine Ausnahme.

Äußerliche Besonderheiten

Wassermann-Geborene neigen zu langsamen Bewegungen und blicken ziemlich verträumt drein, als wären sie in Gedanken versunken, was gewöhnlich auch zutrifft. Typisch kann ein geneigter Kopf sein. Sie können sich auch sehr exzentrisch kleiden.

Gesundheit

Traditionell regiert der Wassermann die Knöchel und Unterschenkel, sodass diese Bereiche bei Stürzen gefährdet sein können. Er neigt zu Stimmungswechseln, allergischen Reaktionen und Kreislaufbeschwerden.

Berühmte Wassermänner

George Gordon Lord Byron
Dichter, * 22. Januar 1788

Humphrey Bogart
Schauspieler, * 23. Januar 1899

Oprah Winfrey
Talkmasterin, * 29. Januar 1954

Carola Höhn
Schauspielerin, * 30. Januar 1910

Charlotte Rampling
Schauspielerin, * 5. Februar 1946

Charles Dickens
Schriftsteller, * 7. Februar 1812

Manfred Krug
Schauspieler, * 8. Februar 1937

Abraham Lincoln
US-Präsident, * 12. Februar 1809

Glück bringende Verbindungen

Edelsteine	Farben	Pflanzen	Metalle
Saphir Aquamarin Opal	Aquamarinblau Schwarz Gelb Fluoreszierende Farben	Gelbe Narzisse Weide Kiefer Nieswurz	Aluminium Uran

Wie erziehe ich mein Wassermann-Kind?

Hören Sie aufmerksam zu. Ihr Wassermann-Kind spricht und Sie denken wohl, dass Sie wissen, worüber es redet, weil der Satz mit einem bestimmten Thema begann – aber plötzlich geht es um ein anderes Thema. Und bevor es mit dem Satz fertig ist, hat das Thema erneut gewechselt. Angesichts seines schnellen Gedankenflusses und seiner zahlreichen Richtungswechsel ist es fast eine Leistung, wenn Sie Schritt halten können. Natürlich sind das die großen Fähigkeiten des Wassermanns: Originalität und Kreativität. Wenn Sie mit einem zusammenleben, können Sie die energetischen Funken der Fantasie sprühen sehen. Sie sind aber auch gute Zuhörer, weil sie sich für Menschen leidenschaftlich interessieren. Im Teenager-Alter scheint das Telefon manchmal an ihren Ohren wie festgeklebt zu sein, was sich natürlich auf die Rechnungen niederschlägt. Ihr Hauptproblem liegt darin, sich zu konzentrieren, und in dieser Hinsicht können Eltern hilfreich sein – indem sie diese unglaubliche Energie in konstruktive Bahnen lenken.

Wassermann-Geborene in der Familie

Wassermann-Kinder sind ungemein einfühlsam und intuitiv. Äußerlich können sie beschäftigt wirken, aber ihr „eingebautes" intuitives Radar tastet alles um sie herum ab. Sie fangen häusliche Spannungen auf und Streit und Zwietracht – ausgesprochen oder nicht – können sie sehr belasten. Obwohl es immer mal vorkommen kann, dass sie allein sein wollen, haben sie sehr gern Besuch. Am besten verstehen sie sich mit den anderen Luftzeichen Waage und Zwillinge, aber auch ganz gut mit Schütze und Widder.

Freundschaft

Um Freundschaften dreht sich beim Wassermann letztlich alles, sodass immer jemand am anderen Ende der Leitung oder direkt um die Ecke sein wird, um vorbeizukommen. Das kann sie zu einer tiefen Menschenliebe führen – oder der Anlass zu endlosem Klatsch und Neugierde sein. Wie auch immer, sie können mit besorgten und bestürzten Menschen sehr gut umgehen und man weint sich gern bei ihnen aus – sie sind die aufstrebenden Tanten und Onkel des Tierkreises.

Schule

Wenn es ihm möglich ist, versucht das Wassermann-Kind in der Schule, den Weg des geringsten Widerstandes zu gehen, was schnell zu schwachen Leistungen führen kann. Lehrer klagen vielleicht darüber, dass es aus dem Fenster starrt oder nicht aufpasst. Natürlich denkt es über so vieles nach – aber schafft es so das Schuljahr? Wahrscheinlich nicht. Wassermann-Geborene müssen also als Allererstes lernen, sich zu konzentrieren, damit sich eben dieser ungezügelte, umherschweifende Geist in einen der klügsten und erfolgreichsten in der Klasse verwandeln kann.

Hobbys und Interessen

Wassermann-Kinder sind unabhängige kleine Seelen und können schnell rebellisch werden. Sie interessieren sich für alles Neue. Mit dem Handy in der Hand düsen sie mit auffälligen Fahrrädern und Rollern los und kühlen sich später bei lauten Computerspielen ab, während sie ihren Lieblings-CDs lauschen. Lenkt man sie jedoch von all diesen Zerstreuungen weg, können sie zu hervorragenden Künstlern oder Musikern mit großer Begabung und Originalität werden. Vor allem lieben sie Menschen.

Welche Namen passen zum Wassermann?

Der Name für einen Wassermann kann ohne Bedenken hochmodern sein, denn von allen Tierkreiszeichen liebt er neue Dinge und ungewöhnliche Ideen am meisten. Viele neue Namenschöpfungen können von Gelehrten auf keine der herkömmlichen Quellen zurückgeführt werden und einige von ihnen finden wie selbstverständlich ihren Platz unter diesem Zeichen. Chelsea, ein beliebter Name seit den Swinging Sixties in London, ist ein gutes Beispiel dafür. Einigen zufolge bedeutet er »Anlegestelle, Hafen«, aber die meisten von uns assoziieren mit ihm Extravaganz, Mode, populäre Kultur und Stil. Mittlerweile zeigt sich die Liebe zum modernen Leben an einigen ungewöhnlichen Namen wie Pandora, »großes Geschenk«, Elektra, »die Strahlende«, Fulbert, »glänzend«, und dem etwas älteren Favoriten Neville, »von der neuen Stadt«.

Zahlreiche Namen bedeuten »Freund« und sie alle eignen sich hervorragend für den Wassermann. Dazu zählen der seit jeher beliebte David, »geliebter Freund«, und die weiblichen Formen Davina und Davinia. Hinzu kommen einige ungebräuchliche Alternativen, nämlich Netis, »guter Freund«, für die Jungen und Amy, »geliebt«, oder Amica, »Freundin«, für die Mädchen. Die berühmte Eigenschaft des Wassermanns, Menschen, besonders solchen in Not und Sorge, mit Ratschlägen zur Seite zu stehen, spiegelt sich in Namen wie Monika und Alfred, beide auch mit der Bedeutung »Ratgeber«, wider.

Zuweilen recht revolutionär in seiner Art, interessiert sich der Wassermann oft für Freiheit und Individualität. Daher ist es vielleicht kein Zufall, dass sein Planetenherrscher Uranus Ende des 18. Jahrhunderts zur Zeit der großen Revolutionen in Frankreich und Amerika entdeckt wurde. Folglich finden Sie in den Listen auch Charles und Karl, »freier Mensch«, und die weiblichen Formen Charlotte und Karla. Von diesen beliebten Namen stammen solche modernen Ableitungen wie Charlene und Charlie. Uranus, der in der griechischen Mythologie als »der sternengekrönte Himmel« bezeichnet wird, führt uns zu mehreren Namen mit diesem Bezug, unter anderem Sterling, »kleiner Stern«, und Celia, »Sternenhimmel«.

Die Taufe Christi, bei der Johannes der Täufer Wasser aus dem Jordan über dem Haupt Jesu goss, lässt sich perfekt auf das Zeichen des Wasserträgers anwenden. Johannes und die weiblichen Formen Johanna, Jean und Joan wie auch ihre vielen Ableitungen, beispielsweise Jonathan, Ivan und Ian für die Jungen und Janet und Joanna für die Mädchen, finden hier ihren Platz. Ebenso sind auch Christian und Chris sowie Christiane und Kirstie in den Listen vertreten.

Bei der Taufe erschien eine Taube – Symbol des heiligen Geistes – über das Haupt Christi, sodass in den Listen Namen auftauchen, die sich auf die Taube und andere Vögel mit mystischen Bedeutungen sowie auf das Wasser der Taufe beziehen. Dazu zählen Jemima, »Taube«, und Columbina, »kleine Taube« – und natürlich Jordan, ein ausgezeichneter Name für den Wasserträger.

100 Namen für Wassermann-Mädchen

A **Agathe** die Gute
Aglaia Pracht, Glanz
Allegra die Lebhafte
Alma die Segen Spendende
Alwine edle Freundin
Amanda die Liebenswerte
Amata die Geliebte
Amica die Freundin
Amy Kf. v. Amata
Anastasia die Auferstandene
Ariadne die Ehrwürdige
Arlene kelt. Kind, Liebespfand
Asta Kf. v. Anastasia
Ava/Awa Wasser, die Vogelgleiche

B **Baptista/Batista** die Getaufte
Blanda die Freundliche

C **Cäcilie/Cecilia** röm. Geschlechtername; Caecilier
Candace/Candice ägyptische Königin
Candida die Glänzende, Reine, Lautere
Cara/Kara wert, geschätzt, die Freundin
Carla/Karla die Freie
Carlotta/Charlotte frei, mutig, stark
Carola/Caroline/Karola/Karoline frei, mutig, stark
Celest Kf. v. Celestina
Celestina/Celestine/Cölestina die Himmlische
Celia Kf. v. Cäcilie
Chelsea der Hafen
Chenoa indian. weiße Taube
Chiquita span. kleines Mädchen
Christa/Krista/Krysta Kf. v. Christine
Christiane die Christin
Christie/Christina/Christine Nf. v. Christiane
Columbina/Kolomba die Taube
Consuela span. die Trösterin

D **Damaris** die Gattin, Geliebte
Davida/Davide/Davina die Geliebte
Dora/Dorothea/Dorothee Geschenk Gottes
Doreen die Mürrische
Doretta Kosef. v. Dorothea
Dorina Kosef. v. Doreen
Doris Dorerin, Speerkämpferin
Dorrit Kf. v. Dorothy, engl. Dorothea
Dörte Kosef. v. Dorothea

E **Elektra** die Strahlende
Emma/Emmy Kf. v. Vornamen mit Irm-

F **Fatima** arab., Bed. ungeklärt
Frances engl. Franziska
Franka serbokroat. Kf. v. Franziska
Franziska/Francisca die Französin, die Freie

gesellig originell **erfinderisch**

H **Hanna/Hannah** *die Anmutige*
Helena die Strahlende
Hella Kf. v. Helene

I **Ilona** ungar. Helene
Imogen Tochter, Mädchen
Inge/Inga Kf. v. Ingeborg
Ingeborg schützen, helfen
Inka/Inken niederdt. Kf. v. Ingeborg

J **Jane** engl. Johanna
Janet Kosef. v. Jane
Janina/Janine poln., russ. Johanna
Jean engl. Kf. v. Johanna
Jeanette franz. Johanna
Jelka ungar. Kf. v. Helene
Jemima das Täubchen
Joan engl. Johanna
Joanna/Johanna von Gottes Gnade

K **Kerstin** schwed. Kristin
Kirsten/Kirstin/Kirstine dän., schwed. Christine
Kirsti schwed. Kf. v. Christine
Kristin/Kristine/Kristina nord. Christine

L **Lätitia** Freude, Frohsinn
Leila/Leilah arab. eine Nacht
Lidwina des Volkes Freundin
Lyn/Lynn die vom Wasserfall
Lysandra die Freigelassene

M **Malvine/Malwine** Zusammenkunft und Freund
Marina die am Meer Lebende
Melina die von der Insel Melos Stammende
Melusine Name einer Meerjungfrau
Milva Taubenfalke
Monica/Monika die Einzigartige
Muriel kelt. die glänzende See

N **Nastasja** russ. Kf. v. Anastasia
Nova neuer Stern

O **Oona** ir., Bed. ungeklärt
Ophelia die Hilfe

P **Paloma/Pabloma** span. die Taube
Pandora das große Geschenk
Pelagia griech. das Meer
Penelope die Glänzende
Philine die Geliebte, Freundin
Philomena die Geliebte

R **Roxana** pers. die Glänzende
Ruth die Freundschaft

S **Silja** fries., finn. Kf. v. Cecilia
Silke Kosef. v. Cäcilie

T **Thea** Kf. v. Dorothea
Theophila die Gottesfreundin

U **Undine** die Nixe
Urbana zur Stadt gehörig, die Städterin

100 Namen für Wassermann-Jungen

A
Adalwin edel und Freund
Adrian der aus der Stadt Hadria Stammende
Alban der aus der Stadt Alban Kommende
Alfred Ratgeber und Naturgeist
Alvar Elf, Naturgeist und Heer
Alwin Kf. v. Adalwin

B
Balduin kühner Freund
Baptist/Batiste Täufer
Bertwin glänzend und Freund
Birger nord. Helfer, Schützer
Bronislaw slaw. behüten und Ruhm

C
Cedric kelt. freundlich, liebenswürdig
Celestin/Zölestin zum Himmel gehörig
Charles/Charlie siehe Karl
Chris Kf. v. Christian oder Christoph
Christian der Christ
Christo bulg. Christian bzw. Christopher
Christoph/Christopher der Christusträger
Clive der vom Kliff
Conan kelt. hoch und sehr weise
Cord niederdt. Konrad

D
Dagobert Tag, helle Zeit, glänzend
Dankrad Gedanke und Ratgeber
Dave/Davey engl. Kf. v. David
David der Geliebte

E
Edwin Besitz und Freund
Einar nord. der Alleinkämpfer
Erasmus der Liebenswerte
Erwin Heer und Freund
Esra Hilfe

F
Faust der Glückliche
Ferdinand kühner Beschützer
Fiete viel und glänzend
Frank der Franke, der Freie
Franklin der freie Mann
Franz Kf. v. Franziskus
Franziskus der Franzose
Freddie/Freddy Kf. v. Alfred
Fulbert glänzend und Kriegsvolk

G
Gilbert Nf. zu Giselbert
Gisbert Kf. v. Giselbert
Giselbert Spross, glänzend, berühmt

H
Haldor norw. Fels und Stein
Halvor nord. Fels, Stein und Hüter
Hans/Hannes Kf. v. Johannes
Harvey/Herwig Kämpfer in der Schlacht
Helferich Hilfe und mächtig
Holger Insel und Speer
Hubert glänzender Gedanke
Hugh engl. Kf. v. Hubert
Hugo der Gedankenvolle

gesellig originell **erfinderisch**

gesellig originell erfinderisch

I **Ian** gäl. Johannes
Ivan/Iwan russ. Johannes

J **Jan** Kf. v. Johannes
Janek slaw. Kosef. v. Johannes
Janis lett. Johannes
Janos/Janosch ungar. Johannes
Jens niederdt., dän. Kf. v. Johannes
Johannes/Johann Gott ist gnädig
John Kf. v. Johannes
Jonas die Taube
Jonathan Geschenk Gottes
Jordan der Wasserträger, vom Jordan

K **Karl** frei, mutig, stark
Karsten/Kersten niederdt. Christian
Kell nord. Quelle
Knud/Knut dän. keck, freimütig
Konni Kosef. v. Konrad
Konrad kühner Ratgeber
Kuno Kf. v. Konrad

L **Lazar** Kf. v. Lazarus
Lazarus Gott hilft
Linford sanfte Wache
Lyn der vom Wasserfall
Lysander der Männer Befreiende, der Retter

M **Malcom** Anhänger v. St. Columban
Manfred Mann des Friedens
Meinrad Kraft, Macht und Rat
Menachem hebr. der Tröster
Menard franz. Nf. v. Meinhard

N **Nathan** Kf. v. Jonathan
Netis indian. guter Freund
Neville von der neuen Stadt
Norbert der im Norden Glänzende

Q **Quinn** der Weise

R **Raimund/Reimund** Ratgeber
Reinhard Rat, Ratschluss

S **Saul** der Erbetene, der Begehrte
Sterling kleiner Stern

T **Tankred** nord. der Ratgeber
Tasso Tat
Tavis schott. Kf. v. Thomas
Thomas Zwilling, Zweifler
Thoralf Naturgeist
Trevor der Besonnen, der Weise

U **Urban** der Stadtbewohner

W **Wilpert** Wille und glänzend

X **Xavier/Xaver** von Schloss Xavier abgeleitet

Z **Zacharias** Gott erinnert sich

Fische

♓ Pisces

20. Februar bis 20. März

Dieses Tierkreiszeichen wird oft durch zwei miteinander verbundene, aber in verschiedene Richtungen schwimmende Fische dargestellt. Verträumt schwimmen sie durchs Leben, mal hierhin, mal dorthin, manchmal hinauf ans Licht, und dann wieder hinunter in die geheimnisvollen Tiefen. Friedfertig, sensibel, poetisch, bescheiden – mit all diesen Eigenschaften macht sich die Fische-Persönlichkeit bei ihren Kameraden beliebt. Fische-Menschen können den ganzen Tag schlafen und die ganze Nacht aufbleiben, was für sie völlig natürlich, aber für andere nicht immer leicht zu verstehen ist. Sie haben einen eigenen Rhythmus und eigene Prioritäten, die nicht unbedingt mit denen unserer geschäftigen, materialistischen Gesellschaft übereinstimmen. Sie führen alles andere als ein schnelles, lockeres Leben, aber genießen voll und ganz die vielen Freuden, die es ihnen bietet.

Herrschender Planet

Traditionell wird dieses Zeichen von Jupiter regiert, aber heutige Astrologen ordnen es dem erst 1846 entdeckten Neptun zu. Das passt, denn er ist ein mystischer, intuitiver Planet mit vielen verborgenen Dimensionen. Er verleiht der bereits künstlerisch veranlagten Fische-Persönlichkeit zusätzlich Inspiration.

Element

Die Fische sind ein angleichendes Wasserzeichen. Diese Kombination ist schwer einzuordnen. Das Tier selbst ist schlüpfrig. Und auch auf Fische-Menschen trifft zu, dass sie geheimnisvoll und schwer zu fassen sind und oft gegen den Strom schwimmen.

Äußerliche Besonderheiten

Fische-Geborene haben etwas Zierliches an sich. Die Glieder sind zuweilen kurz, besonders unterhalb der Knie, und sie scheinen sich oft ihrer Füße bewusst zu sein.

Gesundheit

Traditionell regieren Fische die Füße, und in diesem Bereich und den unteren Gliedmaßen sind sie anfällig für Krankheiten wie entzündete Ballen und Ödeme. Ihre Sehnsucht nach Stimuli kann gelegentlich zu übermäßigem Genuss oder sogar Suchtverhalten führen.

Berühmte Fische-Geborene

Gloria Vanderbilt
Millionenerbin, * 20. Februar 1924

Anaïs Nin
Schriftstellerin, * 21. Februar 1903

Paul Celan
Dichter, * 23. Februar 1920

Elizabeth Taylor
Schauspielerin, * 27. Februar 1932

David Niven
Schauspieler, * 1. März 1910

Sharon Stone
Schauspielerin, * 10. März 1958

Albert Einstein
Physiker, * 14. März 1879

Christa Wolf
Schriftstellerin, * 18. März 1929

Glück bringende Verbindungen

Edelsteine	Farben	Pflanzen	Metalle
Smaragd Koralle Chrysolith Jade	Grün Korallenrot Marineblau	Ziest Myrrhe Weidenröschen Seerose Mohn	Zinn

Wie erziehe ich mein Fische-Kind?

Seien Sie behutsam – Sie könnten sonst auf die Träume Ihres Fische-Kindes treten. Fische sind die geborenen Dichter des Tierkreises; ihr ausgeprägter Drang nach Selbstdarstellung kämpft tagtäglich gegen den entgegengesetzten Fluss der Schüchternheit und Bescheidenheit. Es kann sein, dass sich Ihr quirliges Fische-Kind auf einmal schmollend zurückzieht – diese stillen, depressiven Phasen sind aber nur Augenblicke notwendiger Selbstbeobachtung, die man respektieren sollte. Harte Worte und Brutalität verletzen sie hingegen tief. Seien Sie in solchen Augenblicken auf viele Tränen, aber auch auf Vergebung gefasst – eine Fähigkeit, die Fische-Geborene bei anderen wertschätzen und selbst von Natur aus aufbringen. Während sie heranwachsen und lernen, vorausgesetzt, sie werden vor der Rauheit und der Versuchung ihrer zynischeren Cousins beschützt, können sie voller Zuversicht hinauf ans Licht schwimmen und großes Mitgefühl und Güte entwickeln.

Fische-Geborene in der Familie

Termine und festgelegte Abläufe stehen auf der Prioritätenliste der Fische-Kinder nicht weit oben. Sie genießen eine Umgebung, in der sie frei spielen und ihre lebhafte Fantasie bei kreativen Beschäftigungen ausdrücken können. Sie malen und schauspielern gern und zaubern alle möglichen Fantasien hervor. Und ihre Fantasiewelt ist für sie durchaus real. Am besten verstehen sie sich mit den anderen Wasserzeichen Skorpion und Krebs, aber auch ganz gut mit Stier und Steinbock.

Freundschaft

Ihr Fische-Kind wird Menschen mögen, die anders, etwas gelassener und besonnerer sind als andere. Sie spielen zwar gern im Haus, wollen aber nicht allzu lange auf einen Platz beschränkt bleiben. Ihre Freunde müssen daher anpassungsfähig sein, sich an der kreativen Welt beteiligen, die sie um sich herum aufbauen, und es akzeptieren, dass die Spiele an sich keine starren Regeln haben. Deshalb freunden sie sich nicht schnell mit rechthaberischen Kindern an.

Schule

An weltlichen Ambitionen ziemlich desinteressiert, braucht das verträumte Fische-Kind recht viel Ermunterung und zuweilen sogar etwas Druck, um in der Schule zurechtzukommen. Sonst setzen schnell Apathie und ein gewisser Zynismus ein. Sie können in Fächern wie Literatur, Lyrik, Kunst, Gestaltung, Tanz und Musik glänzen. Fußball ist der ideale Sport für sie, weil dieses Zeichen traditionell die Füße regiert. Auf diese Weise bringen Sie Ihr Fische-Kind vielleicht doch noch dazu, frische Luft zu schöpfen!

Hobbys und Interessen

Nicht allzu viele dieser verträumten Fische-Kinder beschäftigen sich mit Baukästen oder technischem Spielzeug. Sie sind eher in unkonventionellen Künstlerkreisen zu finden. Konzerte, Tanzveranstaltungen, tolle Partys besuchen oder einfach mal herumhängen ist mehr nach ihrem Geschmack. Sie können von Randgruppen angezogen werden – weil sie sich berufen fühlen, ihnen zu helfen, oder aber aussteigen möchten. Aufmerksame Eltern können eine wichtige Rolle dabei spielen, Fische-Kindern zu helfen, in die richtige Richtung zu schwimmen.

Welche Namen passen zu den Fischen?

Namen für Fische-Kinder sollten ihrer Nachdenklichkeit und Intuition, ihrem Staunen und ihrer Hingabe Rechnung tragen. Geeignet sind also die beliebte Anna, »Die Begnadete«, Gregor, »der Wachsame«, die ungewöhnlichere Imogen, »Tochter«, und Clemens, »der Milde«. Zugleich spiegelt sich der zarte Fische-Charakter (und manchmal auch seine schlanke, zierliche Gestalt) überzeugend in den Elfen oder Feen wider – dem »kleinen Volk«, das sich in so vielen Überlieferungen überall auf der Welt findet. Ungebräuchlich gewordene Namen wie Alwine, »Elfenfreundin«, Avery , »Elfenführerin«, oder auch moderne wie Kora, »Mädchen«, oder die afrikanische Binti, »Tochter«, bieten sich für Mädchen an; der seit jeher beliebte Paul, »klein, bescheiden«, und der seltenere lateinische Name Placidus, »sanft, friedlich«, für Jungen.

Das Wasserzeichen Fische wird von Neptun, dem großen Meergott der antiken Mythologie, regiert. Von vielen Kulturen sind lebhafte Überlieferungen mutiger Seeleute und Entdecker bekannt, und die gälische und keltische Sprache ist besonders für Jungennamen eine wahre Fundgrube. Wie wäre es also mit Morgan, »am Meer geboren«, oder Mortimer, was »Meereskundiger« und auch »Seekrieger« bedeuten kann. Für die Mädchen gibt es schöne Namen mit Bezug auf das

Meer wie Guenevere, was man neben »weiße Wange« auch als »weiße Woge« gedeutet hat und wovon sich Jennifer und Jenny ableiten, und Undine, »Nixe«.

Fische waren schon immer das große mystische Zeichen des Tierkreises, vielleicht auch das ausdrucksstärkste und durchdringendste von allen. Sie wurden von frühen Zeiten an mit der Entstehung des Christentums assoziiert. Ein Symbol, das einen Fisch darstellt, diente den Frühchristen als geheimes Erkennungszeichen (und ist auch heute noch in Gebrauch), während Jesus seine Jünger, die armen Männer von Galiläa, »Menschenfischer«, berief. Namen wie Peter – der Fischer, der zu dem »Fels« wurde, auf dem die Kirche und ihre Religion gebaut wurden – oder Christiane und Christian sind allesamt erwähnenswert.

In früheren Kulturen und Mythen gab es mächtige Götter, deren Eigenschaften sich das Christentum einverleibte. Dazu gehört auch der Gott des Weines, Dionysos: Jesus verglich sich selbst mit der Weinrebe, und für praktizierende Christen ist er bis zum heutigen Tag der Erlöser, der sein Blut gab – symbolisiert durch den Wein beim Abendmahl. Namen, die sich von Dionysos ableiten, sind also in diesem Zusammenhang interessant – Dion und Dennis sowie ihre weiblichen Formen Dionne und Denise.

Mit Jupiter und Neptun als herrschende Planeten findet sich im Kern vieler Fische-Seelen eine bleibende Kombination von Güte, Demut und Selbstaufopferung. Dies ist nirgendwo besser illustriert als in der wohl bekannten Geschichte von Aschenputtel (engl. »Cinderella«). Von Cinderella leitet sich der moderne Name Cindy ab. Diese große Demut kommt auch im biblischen Bericht über Maria Magdalena zum Ausdruck, die Jesus die Füße wusch und sie mit ihrem Haar trocknete, sodass in den Namenslisten auch Madeleine, Magdalena und natürlich Maria selbst vertreten sind. Passende Jungennamen sind Miles, »milder Krieger«, und Samuel, »Gott erhört«. Was Füße angeht, sind Kachina, »heilige Tänzerin«, Agrippina, »mit den Füßen zuerst geboren«, sowie »Christoph, der »Christusträger«, und Romeo, der »Rompilger«, recht gut zu Fuß.

100 Namen für Fische-Mädchen

A

Aislinn ir.-gäl. Traum, Vision
Alanna ir.-gäl. die Schöne; hawaii. hell
Albina die Weiße
Alwine zu Alwin; Elf, Naturgeist
Anaïs die Makellose
Ann/Anna/Anne die Begnadete
Annabel/Annabella die Liebenswerte
Annett/Annette franz. Anna
Annika schwed. Kosef. v. Anna
Anuschka slaw. Kosef. v. Anna
Asiza afr. Waldgeist
Avery altengl. Elfenführerin

B

Bianca/Bianka die Weiße
Bina Verständnis, Weisheit
Binti afr. Tochter

C

Cara ital. die Wertvolle, Teure, Liebe
Christa/Krista/Krysta Kf. v. Christine
Christiana/Christiane die Christin
Christie/Christina/Christine Nf. v. Christiana
Cinderella Aschenputtel
Cindy Kf. von Cinderella
Clementina/Clementine mild, gnädig
Corina/Corinna/Corinne Erw. v. Kora

D

Delila dünn, klein
Denise franz. Dionysia
Deniz türk. zum Meer gehörig
Desideria die Ersehnte, Erwünschte
Desiree franz. Desideria
Dionysia/Dionne von Dionysos, Gott des Weines
Donella kleine Dame

E

Evangeline/Evangelina gute Botschaft

F

Fabia/Fabiana weibl. zu Fabius, röm. Geschlechtername; Bohne
Fabienne/Fabiola franz. Fabia
Faye Fee
Fiona die Weiße, die Schöne
Frauke kleine Frau

G

Gilda die mit Gold Bedeckte
Glenda die Talbewohnerin
Gloria Ruhm, Ehre, Zierde
Godeline Gott, leicht und mild
Grazia die Anmutige
Guenevere/Ginevra weiße Wange, die Schönwangige

H

Heidrun Wesensart und Geheimnis
Hulda gnädig, zugeneigt, ergeben

I

Imogen Tochter, Mädchen

J

Jenna/Jenni/Jenny Kf. v. Jennifer
Jennifer schön, glatt

fantasievoll mystisch **unkonventionell**

fantasievoll mystisch unkonventionell

Julia/Juliane/Juliana röm. Geschlechtername
Juliet engl. Julia

K **Kachina** heilige Tänzerin
Karen/Caren schwed. Nf. v. Karin
Karin Kf. v. Katharina
Karina/Carina schwed. Kf. v. Katharina und ital. die Hübsche
Katharina/Katharine die Reine
Kathleen engl. Katharina
Kathrin Kf. v. Katharina
Katja russ. Kf. v. Katharina
Kerstin schwed. Kristin
Kirsten/Kirstin/Kirstine dän., schwed. Christine
Kora Jungfrau, Mädchen
Kristin/Kristine/Kristina nord. Christine

L **Lana** Kf. v. Swetlana
Liana/Liane Kf. v. Juliana
Linda Kf. von Vornamen mit -lind, sanft und mild
Lynn engl. Kf. v. Linda
Lydia die aus Lydien Stammende

M **Madeleine** franz. Magdalena
Magda Kf. v. Magdalena
Magdalena/Magdalene die aus Magdala Stammende
Mareike siehe Maria
Maria/Marie die Bitterkeit (Name der Muttergottes)
Marianne Zus. aus Maria und Anna
Marieluise Zus. aus Maria und Luise
Marika/Marikka ungar. Maria
Marilyn/Marylyn engl. Kf. v. Maria
Marion/Manon franz. Maria
Marisa ital. Maria
Marlene Zus. aus Kf. v. Maria und Magdalene
Marlies Kf. der Zus. v. Maria und Elisabeth
Mary engl. Maria
Modesta die Besonnene, Bescheidene

N **Nancy** engl. Kosef. v. Anna
Nanette franz. Kosef. v. Anna
Naomi Nf. v. Noemi
Noemi Entzücken, Lieblichkeit

P **Pamela** alles und Gesang
Paula die Kleine
Pauline/Paulina Kosef. v. Paula
Petra felsenfest, verlässlich

R **Rabea** das Mädchen
Romy Kf. v. Rosemarie
Rosa/Rosi Kf. v. Rosemarie
Rosemarie Zus. aus Rose und Marie

S **Swana** Kf. von Swanhild
Swanhild Schwan und Kampf
Swetlana hell

T **Thelma** Säugling, Pflegling

U **Undine** die Nixe

V **Viviane** franz. Name einer Fee

Z **Zita** das Mädchen

100 Namen für Fische-Jungen

A
Achim *Kf. v. Joachim*
Akim *slaw., skand. Kf. v. Joachim*
Alberich *Elf, Naturgeist*
Albin *Nf. v. Albwin bzw. Albinus*
Albinus *der Weiße*
Albwin *Elf, Naturgeist, Freund*
Amos *der von Gott Getragene*
Anwar *hell, leuchtend*
Avi *mein Vater, mein Gott*

B
Baldur *nord. Gott des Lichtes*
Bassam *der Lächelnde*
Beagan *der Kleine*
Bonar *freundlich, gut*

C
Casey *ir.-gäl. tapfer, wachsam*
Christian/Chris *der Christ*
Christo *bulg. Christian bzw. Christopher*
Christoph/Christopher *der Christusträger*
Clemens/Clement *mild, gnädig*

D
Dagan *kleiner Fisch*
Dario *ital. Darius*
Darius d*er Mächtige, der Bezwinger*
Delmar *vom Meer*
Denis/Dennis *franz., engl. Dionysos*
Dionysius/Dion *Gott des Weines*
Dominik *Gott gehörend, geweiht*
Douglas *dunkles Wasser*
Dylan *der See*

E
Emil *der Eifrige*
Erling *kleiner Fürst*

F
Felix *glücklich*
Finn *der Finne, weiß, hell, blond*
Fridolin *kleiner Friedrich*

G
Gottfried *Gott und Friede*
Götz *Kf. v. Gottfried*
Gratian/Grazian *der Anmutige*
Greg/Gregory *engl. Gregor*
Gregor *der Wachsame*
Grigorij/Grischa *russ. Gregor/russ. Kosef. v. Gregor*

H
Hagen *Einfriedung oder der Kleine, der Junge*
Hassan *der Schöne*
Holm *nord. Insel*

I
Ismael/Ismail *Gott hört*

J
Jaromir *mutig, heftig und Friede*
Jaroslaw *mutig, heftig und Ruhm*
Jeremias *von Gott erhört*
Jeremy *engl. Jeremias*
Joachim *Gott richtet ihn auf*
Jochen/Jochem *Kf. v. Joachim*
Jodokus *der Krieger*
Joris *niederdt. Gregor*

fantasievoll *mystisch* **unkonventionell**

Jules/Julien *franz. Julius*
Julian *Erw. Julius*
Julio *span. v. Julian*
Julius *aus dem Geschlecht der Julier*

K **Karsten/Carsten** *siehe Christian*
Kevin *anmutig von Geburt an*
Kilian *kelt. der Kirchenmann*
Kim *slaw. Kf. v. Joachim*

L **Liebfried** *lieb und Friede*
Linford *sanfte Wache*

M **Manfred** *friedlicher Mann*
Marian *Kf. v. Marinus*
Marino *roman. Marinus*
Marinus *der am Meer Lebende*
Mario *ital. Marius*
Marius *röm. Geschlechtername; Marier*
Matt/Mattew *engl. Matthias*
Matthäus *Nf. v. Matthias*
Matthias/Mattias *Gottesgeschenk*
Matti *finn. Kf. v. Matthias*
Miles/Myles *Krieger*
Modest *der Besonnene, Bescheidene*
Morgan *kelt. zur See gehörig*
Mortimer *vom ruhigen Wasser, Meereskundiger*
Moses *ägyptisches Kind, aus dem Wasser gezogen*

N **Nantwig** *wagemutig und Freund*
Nat/Nathan *Kf. v. Nathanael bzw. Jonathan*
Nathanael/Nathaniel *Gottesgeschenk*
Nils *nord. Kf. v. Dionysius*

O **Ottokar** *Besitz und wachsam*

P **Paul** *klein, ein wenig*
Paulus *Nf. v. Paul*
Pavel/Pawel *tschech., russ. Paul*
Pelagius *griech. das Meer*
Per/Peer/Pete *nord., engl. Peter*
Peter *dt. Petrus*
Petrus *der Fels*
Pierre *franz. Peter*
Placidus/Placido *sanft, friedlich*

R **Remo/Remus** *Name eines der Gründer Roms, Ruderer*
Roman *engl. Romeo*
Romeo *Rompilger*

S **Salvator/Salvatore** *Erretter, Erlöser*
Sam/Samuel *von Gott erhört*
Saul *der Erbetene, der Begehrte*
Simon/Simeon *Gott hat erhört*
Sönnich *norddt. junger Mann, Knappe*
Sven *junger Mann, Jüngling*

T **Tobias** *Gott ist gut*

Z **Zacharias** *erinnert hat sich Jahwe (Gott)*

Wer verträgt sich mit wem?

Aus den folgenden Schaubildern – eines für jedes Tierkreiszeichen – geht hervor, welche Zeichen sich astrologisch gesehen am besten verstehen. Diese Klassifizierung beruht auf der Zuordnung von Tierkreiszeichen zum selben Element. So versteht sich zum Beispiel das Feuerzeichen Widder mit Löwe und Schütze, den beiden anderen Feuerzeichen des Tierkreises, am besten. Wird ein Horoskopbild wie gewöhnlich kreisförmig dargestellt, bildet diese Beziehung ein Dreieck mit einer Entfernung der beteiligten Zeichen von 120°, ein so genanntes Trigon. Das Trigon verbindet die Zeichen desselben Elements miteinander, die in einer harmonischen und einander unterstützenden Beziehung stehen.

Zudem sind auch Zeichen mit der halben Entfernung – also im Winkel von 60° – ziemlich verträglich. Das bedeutet, um bei unserem Beispiel zu bleiben, dass Widder außerdem mit Wassermann und Zwillinge ganz gut auskommt, auch wenn diese Beziehung nicht so stark ist wie zu Löwe und Schütze.

Gewiss ist die menschliche Natur eine komplizierte Angelegenheit und das ist nur eine – selbst im rein astrologischen Sinn – sehr einfache Möglichkeit, um Verträglichkeiten einzuschätzen. Trotzdem lohnt es sich, solche Schaubilder in Betracht zu ziehen, und manchmal führen sie auch zu nützlichen Einsichten, warum Menschen im häuslichen oder familiären Umfeld so und nicht anders aufeinander reagieren.

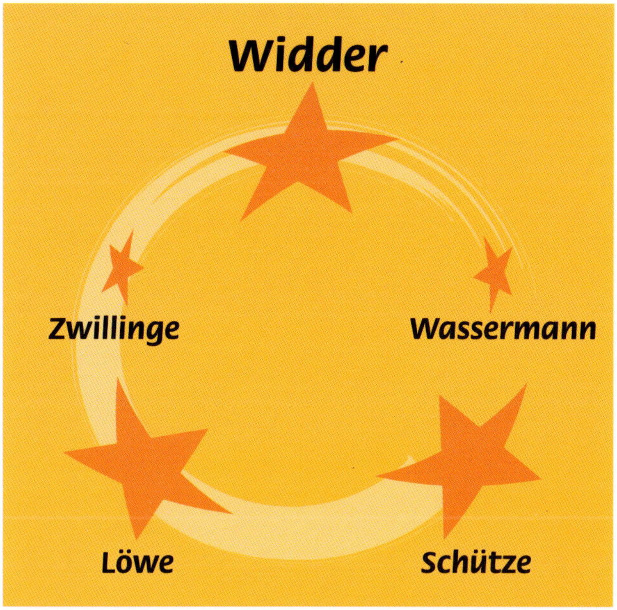
Widder
Zwillinge
Wassermann
Löwe
Schütze

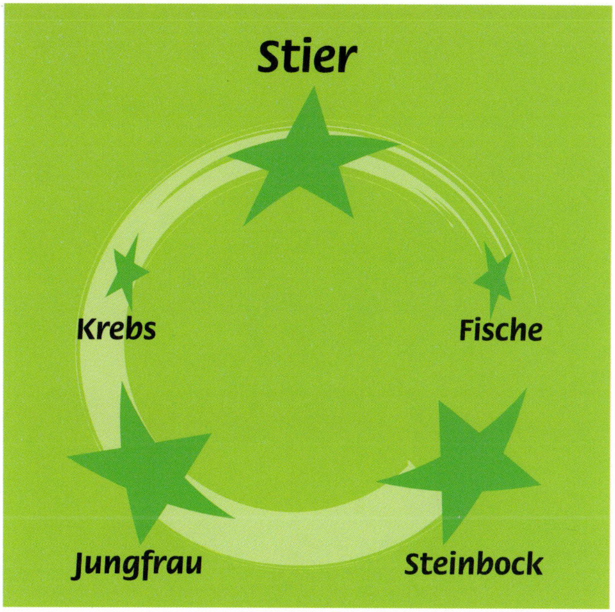
Stier
Krebs
Fische
Jungfrau
Steinbock

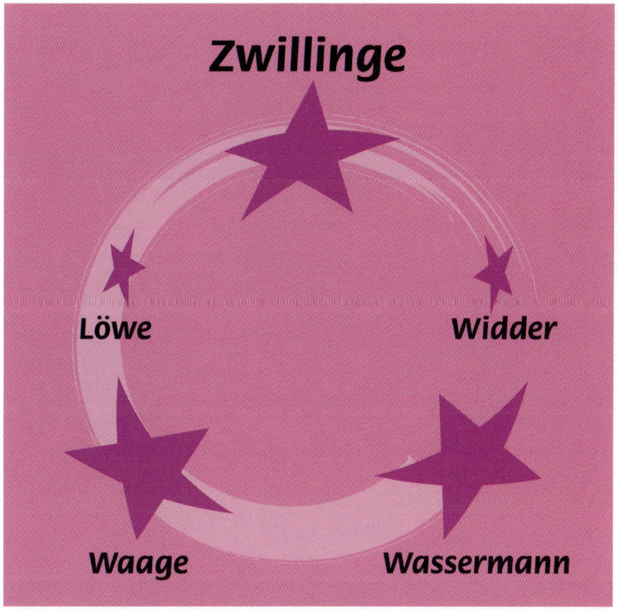
Zwillinge
Löwe
Widder
Waage
Wassermann

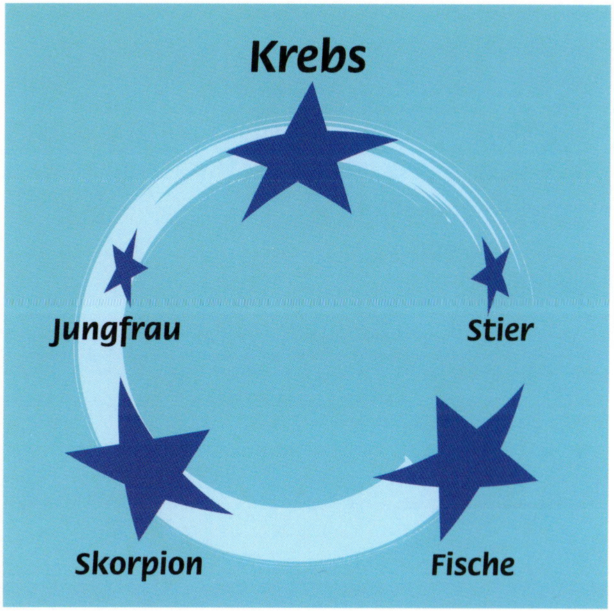
Krebs
Jungfrau
Stier
Skorpion
Fische

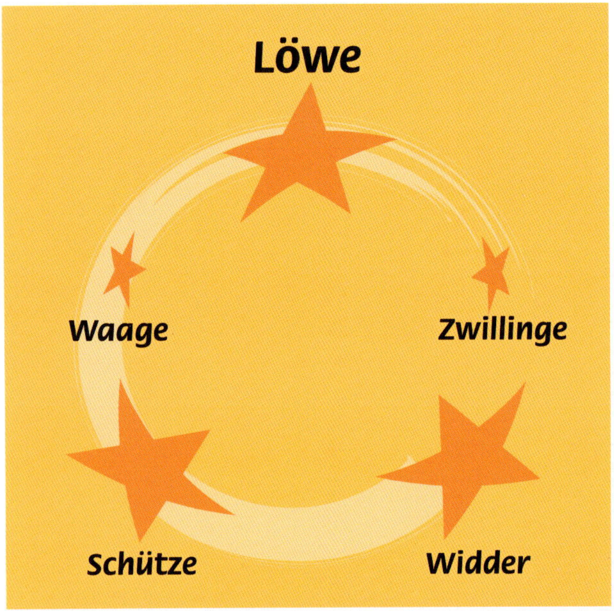
Löwe
Waage
Zwillinge
Schütze
Widder

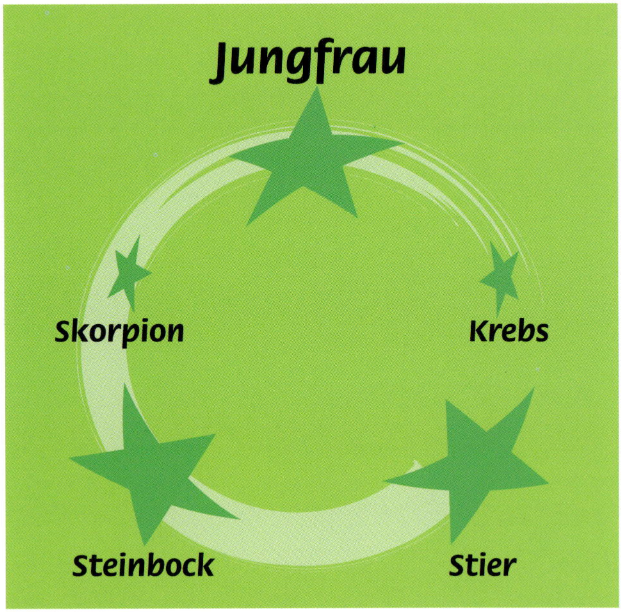
Jungfrau
Skorpion
Krebs
Steinbock
Stier

Waage
Schütze
Löwe
Wassermann
Zwillinge

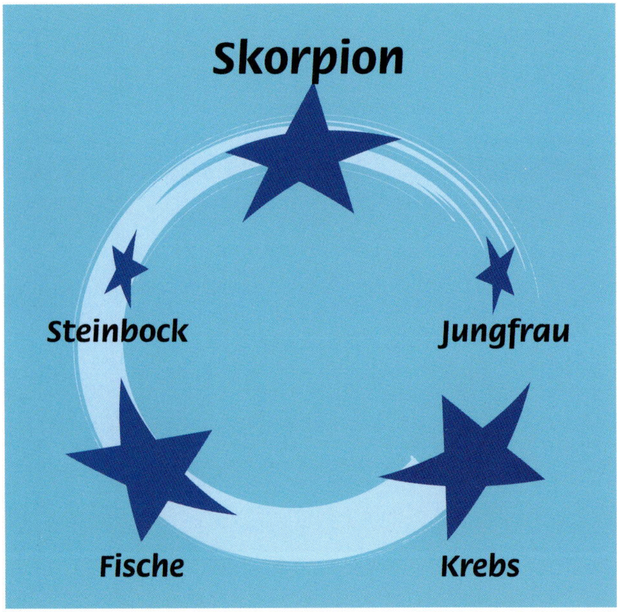
Skorpion
Steinbock
Jungfrau
Fische
Krebs

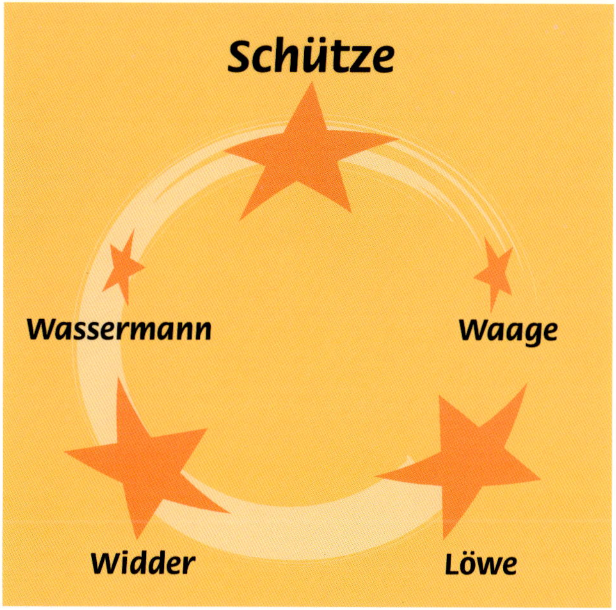
Schütze
Wassermann
Waage
Widder
Löwe

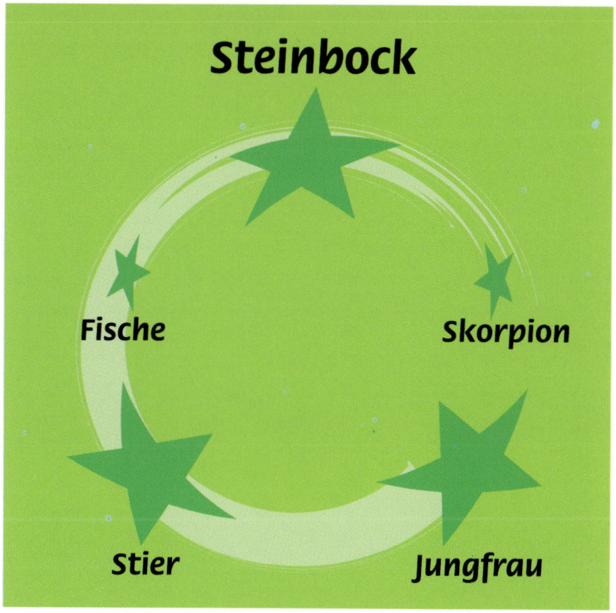
Steinbock
Fische
Skorpion
Stier
Jungfrau

Wassermann
Widder
Schütze
Zwilling
Waage

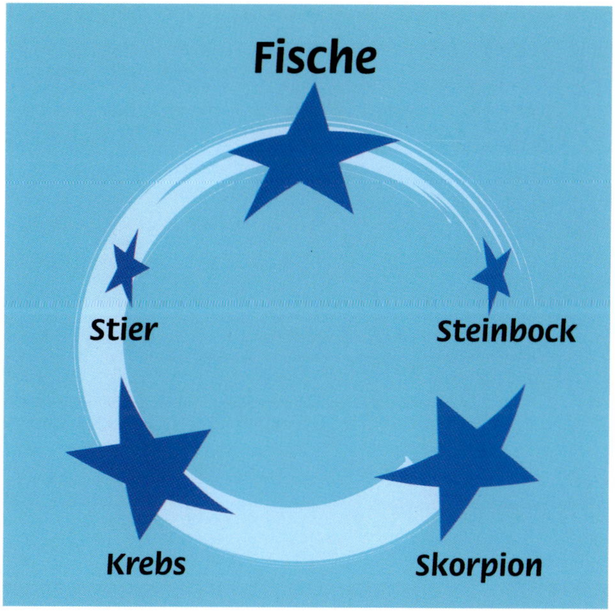
Fische
Stier
Steinbock
Krebs
Skorpion

Für die Erklärung der Vornamen verwendete Abkürzungen

afr.	*afrikanisch*
ahd.	*althochdeutsch*
akk.	*akkadisch*
amerik.	*amerikanisch*
Bed.	*bedeutung*
bulg.	*bulgarisch*
dt.	*deutsch*
Erw.	*erweiterte Form*
franz.	*französisch*
germ.	*germanisch*
hawaii.	*hawaiianisch*
hd.	*hochdeutsch*
hebr.	*hebräisch*
ir.-gäl.	*irisch-gälisch*
ital.	*italienisch*
kelt.	*keltisch*
Kf.	*Kurzform*
Kosef.	*Koseform*
lat.	*lateinisch*
Nf.	*Nebenform*
niederdt.	*niederdeutsch*
niederl.	*niederländisch*
obdt.	*oberdeutsch*
od.	*oder*
pak.	*pakistanisch*
port.	*portugisisch*
skand.	*skandinavisch*
v.	*von*
Zus.	*Zusammensetzung*

Alle übrigen Abkürzungen sind durch -isch leicht zu ergänzen